COMO TOCAR
EL PIANO

EDAF

MADRID - MÉXICO - BUENOS AIRES - SAN JUAN - SANTIAGO

En la notación musical internacional, las siete notas de la escala son cada día más representadas por las siete primeras letras del alfabeto, notación que hemos adoptado en la creencia que facilitará el aprendizaje.

Para mayor claridad, damos a continuación las equivalencias entre letras y notas:

A	significa	La
B	—	Si
C	—	Do
D	—	Re
E	—	Mi
F	—	Fa
G	—	Sol

COMO TOCAR
EL PIANO

Un modo nuevo y de fácil comprensión para aprender a tocar el piano

Roger Evans

Revisado por D. JOAQUIN FERNANDEZ PICON

Profesor de Música

Título del original inglés:
HOW TO PLAY PIANO

© De la traducción: RAFAEL LASSALETTA
© 1980. By Roger Evans
© 1982. De esta edición, Editorial EDAF, S. A., por acuerdo con Hamish Hamilton Ltd.
   Londres (Inglaterra)

Editorial EDAF, S. A.
Jorge Juan, 30. 28001 Madrid
http://www.edaf.net
edaf@edaf.net

Edaf y Morales, S. A.
Oriente, 180, n.º 279. Colonia Moctezuma, 2da. Sec.
C. P. 15530. México, D.F.
http://www.edaf-y-morales.com.mx
edafmorales@edaf.net

Edaf del Plata, S. A.
Chile, 2222
1227 - Buenos Aires, Argentina
edafdelplata@edaf.net

Edaf Antillas, Inc.
Av. J. T. Piñero, 1594 - Caparra Terrace (00921-1413)
San Juan, Puerto Rico
edafantillas@edaf.net

Edaf Chile, S.A.
Huérfanos, 1178 - Of. 506
Santiago - Chile
edafchile@edaf.net

Primera edición, Octubre 2004

Depósito legal: M. 41.629-2004
ISBN: 84-414-1484-X

PRINTED IN SPAIN   IMPRESO EN ESPAÑA

Anzos, S. L. - Fuenlabrada (Madrid)

Este libro está dedicado a mi padre, Norman L. Evans,
quien me enseñó a descubrir el gozo de conocer, amar y crear música.

Contenido

Introducción

Este libro está destinado a todos los que deseen tocar el piano, tanto para el principiante como para aquellos que alguna vez empezaron a tocar y desearían ahora reanudar sus estudios.

Todo cuanto necesita saber para empezar a tocar el piano está explicado aquí, en fases de fácil comprensión, para que pueda empezar a aprender cómo se toca la música de su elección: clásica, pop, rock, blues, jazz, y otros estilos. No necesita tener un conocimiento previo de la música o el piano para empezar a tocar inmediatamente y entretenerse haciendo su música.

La rapidez con que aprenda dependerá totalmente de usted. Con este libro puede aprender a su propio ritmo; o también utilizarlo conjuntamente con lecciones de piano. En lugar de ejercicios aburridos hay interesantes partituras musicales que podrá tocar... Así el aprendizaje resulta divertido desde el principio.

Lea unas cuantas páginas cada vez, y asegúrese de haberlo entendido todo antes de continuar. Si es necesario, lea la misma página varias veces hasta que sepa exactamente lo que significa. No se salte páginas y siga el orden indicado, de esta forma no omitirá nada importante.

Descubrirá que el piano es un instrumento que no resulta complicado de tocar. Si le dedica el tiempo necesario aprenderá correctamente, y esto le servirá de satisfacción. De ese modo evitará el coger malos hábitos, que posteriormente podrían limitar su capacidad de interpretación. El modo correcto de tocar bien desde el principio es el mejor, y a la larga el más fácil.

Este libro es el resultado de muchos años de tocar y enseñar música. Espero que mi experiencia le sirva y ayude a encontrar la satisfacción que produce el saber tocar bien el piano.

Roger Evans

Acerca del piano

Cada año son más las personas que descubren lo divertido que es tocar música en su casa, y cada vez son más las que empiezan a tocar el piano. En realidad esto no es sorprendente, pues éste es un instrumento que gusta tocarlo y que produce un sonido muy agradable.

El piano es también un instrumento de diversas aplicaciones. Puede utilizarse para tocar la melodía de una pieza, o la melodía y el acompañamiento juntos, o proporcionar un agradable acompañamiento para otros instrumentos y para el canto. Puede tocarse solo, dentro de un grupo o banda, o con una orquesta.

El piano tiene una gama de notas más amplia que la mayoría de los instrumentos de una orquesta, y resulta adecuado para casi todos los diferentes estilos de música. Por ello, resulta excelente para aprender música y para hacer arreglos y componer.

Los principiantes de todas las edades pueden hacer una música que suene agradable casi inmediatamente, pues las notas del piano se pueden encontrar y tocar con facilidad.

Por encima de todo, es un instrumento satisfactorio y entretenido, tanto para los principiantes como para los ejecutantes experimentados, que podrán tocar con el piano una variedad casi ilimitada de música.

DIFERENTES TIPOS DE PIANO
Básicamente, hay dos tipos diferentes de pianos: el de cola y el vertical.

El piano de cola tiene las cuerdas dispuestas horizontalmente, más bien como un arpa tumbada de costado. Los primeros pianos se hacían de este modo, aunque no se parecían mucho a los de cola modernos.

Los pianos verticales, como sugiere su nombre, tienen las cuerdas y la mayor parte de sus componentes dispuestos verticalmente.

Ambos tipos de piano se fabrican en diferentes formas y tamaños, pero se tocan de modo básicamente similar. Las principales partes del piano que se pueden ver desde el exterior se describen en la página siguiente.

DIFERENTES TIPOS DE PIANOS

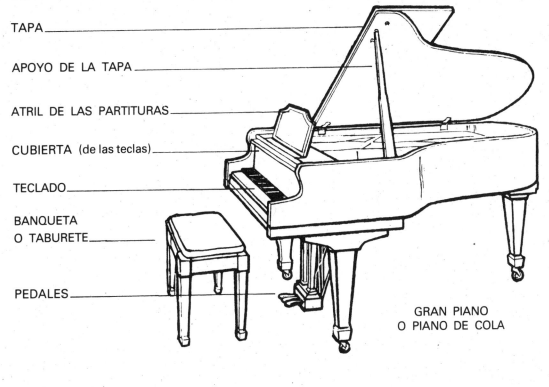

TAPA

APOYO DE LA TAPA

ATRIL DE LAS PARTITURAS

CUBIERTA (de las teclas)

TECLADO

BANQUETA
O TABURETE

PEDALES

GRAN PIANO
O PIANO DE COLA

PARTE SUPERIOR

PANEL SUPERIOR

ATRIL DE PARTITURAS

CUBIERTA
(de las teclas)

TECLADO

PANEL INFERIOR

PEDALES

PIANO VERTICAL

Cómo funciona un piano

Obtendrá el máximo de su piano si conoce un poco el modo en que funciona[1].

Todas las notas del piano están ordenadas de un modo muy simple. Van sonando cada vez más agudas según pulse hacia la derecha del teclado, y más graves según toque hacia la izquierda. *Con un dedo, trate de pulsar las diferentes teclas blancas y negras, una a una, y compare sus diferentes sonidos.* Escuche cómo cada nota suena más aguda que la anterior si se mueve hacia la derecha, y más grave si se mueve hacia la izquierda.

Abra el piano y vea lo que sucede cuando toca una nota. (Podrá ver el funcionamiento de la mayor parte de los componentes si abre la tapa de un piano de cola o la tapa y el panel superiores de un piano vertical. Tenga cuidado de no tocar las partes internas para no dañar su delicado mecanismo.)

Vuelva a tocar unas cuantas notas y observe lo que sucede dentro del piano. Observe cómo suena cada nota cuando los macillos (pequeño martillo recubierto de fieltro) golpean alguna de las cuerdas. Suele haber tres cuerdas para cada una de las notas «agudas», y dos más gruesas de cobre enrollado para cada una de las notas «graves». Las notas más graves sólo tienen una cuerda muy gruesa envuelta en alambre.

Las cuerdas vibran al ser golpeadas por los macillos, vibraciones que son amplificadas por la caja sonora de madera del piano, produciendo una nota clara y distinta. Los macillos, cuerdas y caja de resonancia actúan conjuntamente para producir el sonido distintivo del piano. (La gran caja de resonancia de madera se puede ver detrás de la pesada estructura metálica que contrarresta la tensión de las cuerdas.)

Pero sucede algo más cuando se toca una tecla: una sordina de fieltro se levanta de las cuerdas de esa nota, y permanece en alto mientras se está presionando la tecla. Este detalle es importante, pues nos permite controlar la duración de una nota. Toque una tecla y reténgala, y la nota seguirá sonando; al soltar la tecla el sonido de la nota se detiene.

Pruébelo. Golpee una de las teclas de su piano y observe cómo sigue sonando la nota hasta que levante el dedo y suelte la tecla.

Podemos controlar también el volumen de la nota: si golpeamos una tecla con firmeza la nota sonará fuerte, si la golpeamos suavemente sonará flojo.

Golpee una tecla con firmeza y luego con suavidad y compare el sonido fuerte y flojo de las notas.

---

[1] Lea este artículo y el siguiente si va a comprar un piano, incluso aunque no pueda seguir todas sus instrucciones.

Los pedales del piano afectan también a su sonido:

EL PEDAL DERECHO (SOSTENEDOR). Este pedal mantiene las notas, de modo que duran más de lo normal. Contrariamente a la opinión que a veces se tiene, no hace que las notas suenen más fuertes.

Al apretar el pedal derecho, se levantan las sordinas de fieltro de *todas* las notas, por lo que todas las tocadas siguen sonando aunque se haya dejado de pulsar la tecla.

Este pedal puede ser muy útil para el ejecutante con experiencia. Sin embargo, si se utiliza incorrectamente, el sonido del piano será confuso.

EL PEDAL IZQUIERDO (SUAVIZADOR). Este pedal hace que el piano suene más suave.

Cuando se toca el pedal izquierdo de un piano vertical, los macillos se acercan a las cuerdas, por lo que las golpean con menos fuerza y producen un sonido más suave. En los pianos de cola, este pedal, produciendo un ligero movimiento hacia la derecha, hace que cada macillo toque alguna cuerda menos por cada nota, con lo que el sonido es más suave y fino.

El pedal suavizador se utiliza para buscar efectos especiales en algunas piezas musicales. Puede ser útil si desea tocar sin molestar a otras personas.

EL PEDAL MEDIO. Se suele utilizar como pedal sordina que activa un mecanismo extrasuavizador del sonido, consistente en interponer entre los macillos y las cuerdas una especie de tela para amortiguar al máximo el sonido.

No se preocupe si su piano no tiene un pedal medio: no es imprescindible.

Toque varias notas presionando por turnos cada uno de los pedales, para que pueda observar lo que sucede dentro del piano y escuchar los diferentes sonidos que se producen con cada pedal. Observe que el efecto de cada pedal cesa cuando levanta el pie.

ACUERDESE de cerrarlo cuando haya terminado de observar el funcionamiento de las diversas partes, para que no se dañe el mecanismo.

Compruebe su piano

Compruebe el piano antes de tocarlo por primera vez. Es importante, pues si algo no funciona bien puede ser difícil tocarlo, o dar un sonido desagradable; ambas cosas podrían privarle del placer de aprender a tocarlo bien.

En primer lugar, entérese de cuándo fue afinado por última vez. Si no ha sido afinado en los últimos seis meses, convendría hacerlo lo antes posible. También necesitará afinarlo si se ha trasladado de una casa a otra, o de un piso a otro.

Después compruebe si todas las notas suenan apropiadamente: hágalo tocando de una en una todas las teclas. Asegúrese de que todas ellas se pulsan con igual facilidad, y que vuelven de modo uniforme y silencioso al nivel de las otras cuando levanta el dedo. Todas las notas deben sonar con la misma fuerza y claridad que las siguientes. Si alguna suena más débilmente, o está desafinada, o si alguna de las teclas produce ruidos o está rígida, algo funciona mal y el piano necesita atención.

Finalmente, apriete los pedales para asegurarse de que funcionan de modo uniforme y silencioso. Aunque probablemente no los necesite en algún tiempo, se deben ajustar, si ello es necesario, cuando se haga otra reparación o se afine el piano.

¿Qué debe hacer si el piano necesita afinación o tiene alguna nota con defecto?
Si el piano es suyo, necesita buscar algún buen técnico afinador, si aún no conoce a alguno. (En la página 17 se dan algunas sugerencias para encontrar un buen técnico afinador.)

Si el piano pertenece a alguna otra persona y parece tener algo que funciona mal, dígale al propietario que parece estar desafinado o necesitar reparación.

En cualquier caso, necesita ser afinado o reparado lo antes posible.

¿Debe tocar el piano antes de que haya sido afinado o reparado?
Si todas las teclas de la parte central del teclado funcionan apropiadamente, y sus notas suenan razonablemente bien, puede empezar a tocar mientras espera que lo reparen o afinen.

Sin embargo, si alguna de las teclas centrales no funciona apropiadamente, o si sus notas tienen un mal sonido, tenga paciencia y espere a que hayan arreglado el piano antes de empezar a tocar. Sería una pena que unas teclas estropeadas o un sonido malo fueran la causa de que tocar el piano resultara menos gozoso para usted.

Mantenga afinado el piano

Debe afinar el piano por lo menos dos veces al año (tres veces es mejor), incluso aunque no lo haya tocado.

Es un placer tocar un piano regularmente afinado, tanto para el principiante como para el experto. Hasta la música más simple suena bien en un piano afinado; pero cuando está desafinado, todo lo que se toca en él produce un sonido desagradable.

La afinación consiste en algo más que conseguir que el piano suene agradablemente; también ajusta la tensión de las cuerdas, lo que es muy importante, pues éstas ejercen una enorme fuerza que puede distorsionar o incluso rajar la caja de resonancia y otras partes si el piano no es afinado regular y correctamente.

Las cuerdas se encuentran a una tensión correcta cuando el piano es afinado conforme al diapasón en «tono de concierto», que es el habitual para afinar todos los instrumentos musicales. Afine su piano al «tono de concierto» y evitará una importante causa de daño, el piano sonará mejor y estará afinado correctamente para tocar con otros instrumentos.

BUSQUE UN BUEN AFINADOR

La persona idónea para cuidar de su piano es un técnico afinador que no sólo los afine, sino que también los ajuste y repare.

El mejor modo de encontrar a uno de esos profesionales es por recomendación de alguien que toque el piano seriamente. Pregunte a un amigo que toque el piano, o vea si el departamento de música de alguna escuela o colegio local, o una sociedad musical o tienda de pianos, puede recomendarle a alguien. En caso contrario, busque en las «Páginas Amarillas» de la guía telefónica o en los anuncios de revistas o periódicos musicales.

Concierte una cita con el técnico afinador y explíquele lo que usted considera que debe hacer. Pídale que lo afine al «tono de concierto», aunque pueda costarle más dinero la primera vez. En afinar el piano se tardan unas dos horas, y debe elegir un momento en el que haya silencio en su casa, para poder trabajar sin distracciones.

Para que nada estorbe el trabajo del afinador, antes de que llegue quite cuanto pueda haber encima del piano.

Si su técnico afinador le sugiere que hay que hacer otro trabajo, probablemente hará bien en seguir su consejo. Sin embargo, si el piano es muy viejo o ha recibido un trato muy malo, quizá debiera considerar la compra de otro instrumento. Pídale consejo al afinador y haga un cálculo del costo de cualquier trabajo.

Cuando haya encontrado un buen afinador, siga trabajando con él y concierte citas regulares para que su piano esté bien cuidado.

El cuidado de su piano

Siga estas sugerencias, y su piano se hallará en las mejores condiciones posibles y podrá tocarlo con placer durante muchos años.

Si algo funcional mal, haga que lo corrijan inmediatamente.

Si hay alguna tecla estropeada, notas que suenan mal o algún pedal estropeado, un técnico afinador cualificado deberá ajustarlos inmediatamente. Las piezas desajustadas irán empeorando si se dejan sin arreglar, o pueden ser causa de un daño extra en ellas o en otras partes del piano. Ajustar las piezas estropeadas cuando el problema se presenta por primera vez es más barato que reemplazarlas más tarde.

Afine el piano con el «tono de concierto» al menos dos veces por año.

Como explicamos antes, debe afinarse al tono correcto al menos dos veces por año para evitar que se estrope. La afinación regular ayudará también a que las cuerdas duren más, y el piano dará el mejor sonido posible.

No es recomendable intentar ahorrar dinero afinándolo con menor regularidad, pues cualquier dinero empleado en afinar, ajustar o reparar estará más que recompensado con la vida más larga que podrá esperar de su piano si le concede una atención regular.

No intente afinar, reparar o limpiar el interior del piano usted mismo.

Un piano contiene miles de piezas diferentes, muchas de las cuales necesitan de un ajuste experto para funcionar apropiadamente. Su delicado mecanismo puede dañarse seriamente por accidente, exigiendo una cara reparación, por lo que es mejor dejar al técnico afinador todo el trabajo en el mecanismo interior. No espere, sin embargo, que todo se pueda ajustar o limpiar durante una visita regular de afinación. Si es preciso algún trabajo extra, llame a su afinador de antemano y concierte una cita especial.

Limpie usted mismo la caja y el teclado.

Puede limpiar todas las teclas, negras y blancas, frotándolas con un paño suave, que previamente habrá humedecido ligeramente en alcohol desnaturalizado. Cuando estén secas, déles brillo con un paño suave y seco.

Limpie la caja exterior (el mueble) con un abrillantador de muebles a la cera, a no ser que el fabricante dé alguna otra recomendación. Pero no debe utilizar un abrillantador que contenga siliconas, pues dejan una capa permanente que no se puede eliminar. No toque las teclas con el abrillantador, y lávese las manos antes de tocar.

Manténgalo cerrado cuando no lo esté tocando.

Toque con la parte superior abierta para que suene mejor, pero cierre esa tapa y la cubierta cuando no esté tocando para que ni el polvo ni ninguna otra cosa se introduzcan en el interior y dañen el mecanismo. Si en su casa hay niños pequeños, asegúrese de que no tengan la oportunidad de abrirlo, para que no se deteriore.

No ponga cosas pesadas en la tapa superior para que no estropeen el acabado.

No coloque nunca una planta ni una jarrón con agua sobre la tapa superior de un piano, pues si el agua o cualquier otro líquido se introdujera en el interior podría producir un daño grave.

Reparaciones de la caja.

Llame a un reparador de pianos, *no* a un reparador de muebles, si necesita hacer algo en la caja exterior, para evitar así que durante el reacabado se pueda estropear el mecanismo interior.

Puede necesitar un deshumidificador de piano.

La humedad excesiva y los cambios rápidos de temperatura pueden influir en el estado de su piano y contribuir a que se desafine. Si vive en una zona de gran humedad, dígaselo a su técnico para que pueda evitar ese problema. No es conveniente colocar el piano cerca de un radiador, pues el exceso de sequedad también resulta nocivo.

Mantenga alejados las polillas y los escarabajos.

Los escarabajos y polillas pueden estropear su piano, por lo que debería poner dos de las pasadas de moda bolas de naftalina sobre un papel en el fondo del piano, separadas de las partes móviles. Entonces la mayor parte de los insectos se mantendrán separados de él, sobre todo si lo tiene bien cerrado cuando no lo esté tocando.

Háblele de su piano al técnico afinador.

Si su técnico afinador sabe que tiene un interés por su piano superior al normal, probablemente lo trate de modo especial, y cuidará de todo lo que pueda exigir atención antes de que llegue a ser grave. No dude en pedir consejo; a casi todas las personas que trabajan con instrumentos musicales les gusta explicar cómo funciona un instrumento, o cómo podría cuidarse mejor, en tanto en cuanto no les robe mucho tiempo.

En la página 20 se dan otras sugerencias acerca del cuidado de su piano. Lea también la sección «Comprar un piano», incluso aunque ya lo tenga, para aprender más cosas acerca del instrumento.

El mejor lugar para el piano

Idealmente, el piano debería hallarse a una temperatura constante de 21° C, con una humedad del 40 por 100, en una habitación a prueba de sonido para que pueda tocar fuerte siempre que quiera sin molestar a nadie. Por desgracia, muy pocos contamos con una habitación así, pero siempre es posible encontrar algún lugar conveniente en casi todos los hogares si hace caso de las siguientes sugerencias:

De ser posible, el piano debería estar en una habitación en la que poder estar a solas para tocar. Todo el mundo necesita poder practicar y componer nueva música sin que nadie escuche los errores. Si no puede tenerlo en una habitación separada, procure planificar los momentos en que podrá tocar sin que haya nadie a su alrededor que le escuche.

Quizá tenga que pensar en sus familiares y vecinos, pues el sonido de un piano atraviesa paredes y suelos. Procure no ponerlo junto a una pared que dé a una sala de estar o un dormitorio, y para no molestar, no toque a altas horas de la noche. (Si es necesario, el sonido de un piano se puede amortiguar colocando el instrumento sobre una alfombra gruesa y poniendo una alfombrilla también gruesa sobre la pared trasera de un piano vertical. También puede hacer que suene menos utilizando el pedal suavizador, pero esto no resulta siempre satisfactorio.)

Los cambios repentinos de temperatura o humedad pueden dañar el instrumento y afectar a la afinación, por lo que para situar el piano deberá elegir un lugar alejado de radiadores, acondicionadores de aire o salidas de calor. Evite colocarlo junto a una ventana o puerta donde haya corrientes de aire, o donde el sol pueda darle de lleno, dañando el acabado exterior o el mecanismo interno. Deje un espacio de 15 cm. entre la parte posterior de un piano vertical y la pared, para que el aire circule libremente.

TRASLADO
No intente nunca trasladar un piano usted solo, pues podría herirse gravemente o dañarlo.

Los pianos son muy pesados. Para trasladarlo de un piso a otro por escaleras, o de una casa a otra, utilice una empresa de mudanzas profesional dedicada a ese menester. Si quiere trasladarlo a otra habitación del mismo piso, pida a algunos amigos que le ayuden. Los pianos de cola deben manejarse con mucho cuidado para que no se rompan las patas; *antes* y *después* de moverlos, asegúrese de que las patas están bien puestas.

Después del traslado es conveniente que se lo afinen, pues en los traslados se suele desafinar.

Comprar un piano

La compra de un piano constituye una gran aventura, sobre todo si nunca ha tenido uno antes. Un buen piano es una inversión que debe proporcionarle mucho placer y de la que debe estar orgulloso y contento durante muchos años.

Si ha empezado ya a ver pianos, sabrá que en el mercado hay una gran gama de instrumentos. Los hay de diferentes formas y tamaños, y de muchos precios. Hay pianos que parecen pianos, y pianos con diversos estilos de muebles y con varios acabados de madera o pintura. La selección es amplia; pero ¿cómo decidir cuál es el que más le conviene? Antes de tomar una decisión, lea estos amables consejos para asegurarse de que compra el tipo adecuado y que obtiene algo valioso a cambio de su dinero.

TAMAÑO. Como norma general, los grandes son mejores, porque tienen en su interior espacio suficiente para cuerdas largas y cajas de resonancia grandes, y ambas cosas son necesarias para obtener un buen volumen y un sonido dulce. Por tanto, deberá elegir el piano más grande que se adapte bien a su casa.

PIANOS DE COLA. Si en su casa hay espacio suficiente, y puede permitirse pagarlo, un piano de cola es la mejor elección.

Por tanto, antes de considerar nada más, mida su casa y vea si tiene espacio para un piano de cola. Debe tener en cuenta los consejos de la página 20 acerca del mejor lugar para situar un piano antes de tomar la decisión final. He aquí los tamaños usuales de los pianos de cola:

TAMAÑOS APROXIMADOS DE LOS PIANOS DE COLA

	LONGITUD	ANCHURA	ALTURA
De concierto	240 cm. o más		
Medio	180-225 cm.	150cm.	100 cm.
Pequeño	135-170 cm.		

Los pianos de cola más grandes, los de concierto, son los mejores. La mayor parte de los pianistas sueñan con poseer uno, pues es un placer tocarlos y producen los más hermosos sonidos. Pero por desgracia son demasiado grandes para la mayor parte de las casas.

La siguiente elección es uno de tamaño medio; casi todos estos instrumentos son buenos y bastante adecuados para su utilización en el hogar. La tercera posibilidad de elección es el pequeño.

No se desespere si su casa no es lo bastante grande para que quepa un piano de cola, pues muchos de los verticales y de los de estudio dan excelentes resultados.

PIANOS VERTICALES. La altura total de un piano vertical es una buena guía de la calidad musical del instrumento. Observe que todos los pianos verticales necesitan aproximadamente la misma cantidad de espacio de suelo, unos 150 cm. por 60 cm., salvo para los más pequeños, como la espineta de 64 notas.

TAMAÑOS APROXIMADOS DE LOS PIANOS VERTICALES

	ALTURA	LONGITUD	ANCHURA
Tamaño completo	120 cm. o más		
Estudio	112-117 cm.	150 cm.	60 cm.
Consola	100-108 cm.		
Espineta	90-96 cm.		
Espineta de 64 notas	90-96 cm.	108 cm.	60 cm.

La primera elección, en cuanto a calidad musical, debe ser un piano vertical completo o uno de estudio. La segunda debería ser un piano de consola, aunque aquí está comprometiendo la calidad musical en interés del precio o de su apariencia en cuanto mueble.

Las espinetas, en especial las más estrechas de 64 notas, ocupan el último lugar. Estos pianos no son lo bastante grandes para permitir un mecanismo de funcionamiento apropiado, ni una caja de resonancia de buen tamaño, ni cuerdas lo bastante largas para asegurar una buena calidad de tono o volumen. Además, las espinetas de 64 notas carecen de la gama de 88 notas de un piano completo.

BUSQUE Y PREGUNTE ANTES DE COMPRAR. Emplee algún tiempo en buscar y comparar el mayor número de pianos posible. Incluso aunque no sepa tocar, puede enterarse de muchas cosas de los pianos hablando con los dependientes y leyendo los prospectos que incluyen los fabricantes.

Los mejores lugares para buscar pianos son los almacenes especializados. Los buenos comerciantes entenderán lo que usted desea, le darán consejos útiles y le ayudarán a comparar diferentes pianos sin apresurarle a que tome una decisión.

Visite, a ser posible, las tiendas entre semana, cuando los vendedores puedan atenderle con más tiempo. Visite varias tiendas para ver cuantos más pianos mejor, y fíese más de aquellos comerciantes que estén orgullosos de la calidad de sus pianos, pues ellos le darán los mejores consejos.

Pida que le enseñen el interior de los pianos que le interesen, y que le expliquen las características internas, pues así podrá saber cuál es el mejor.

PRECIO. El consejo de los expertos en pianos es que compre el mejor que pueda permitirse. Un piano es una inversión a largo plazo; si compra uno bueno y cuida de él, puede tener una vida útil de 40 ó 50 años. Piense en ello antes de decidir cuánto puede pagar por uno. Todos los pianos son caros; sin embargo, los buenos no son necesariamente mucho más caros que los malos, y pueden resultar más baratos a la larga, pues un buen piano dura más y requiere menos atención.

No compre el piano más barato de cualquier gama, pues quizá hayan sacrificado la calidad en beneficio del precio. Si tiene que elegir entre dos de precio similar, compre el que tenga mejor mecanismo interno en lugar del que tenga el mueble más bonito. (Las sugerencias siguientes le explican cómo debe juzgar la calidad del mecanismo.)

Si no le es posible pagar un buen piano nuevo, puede pensar en encontrar uno conveniente de segunda mano (ver abajo). Como alternativa, alquile uno —en algunas tiendas de pianos se lo pueden alquilar—, o aprender a tocar el piano en una escuela o academia, siempre que pueda ir a tocarlo a menudo.

PIANOS DE SEGUNDA MANO. A veces se pueden encontrar buenos pianos de segunda mano a precios razonables. En particular, un piano de cola usado puede ser una buena «compra» si encuentra a alguien que lo venda porque se muda a una casa más pequeña. No obstante, cualquier piano usado debe ser comprobado cuidadosamente para no correr el riesgo de tirar el dinero.

En algunas tiendas los venden de segunda mano, pero incluso en ellas debe tener cuidado de no adquirir uno. El mejor consejo es que sólo considere los instrumentos o pianos casi nuevos que recientemente hayan sido *completamente* reacondicionados por un profesional de la reparación.

No considere un piano utilizado en una escuela, iglesia o cualquier otro lugar público, pues su uso habrá sido excesivo. Rechace también cualquiera de más de veinte años, a menos que haya sido completamente reparado.

Si está pensando en comprarlo a un particular, debe hacer que lo inspeccione un técnico afinador profesional. Los honorarios por sus servicios estarán más que compensados, pues elimina el riesgo de pagar más de lo que vale o de comprar un piano de mala calidad o roto. Además, un técnico afinador puede saber también de buenos pianos de segunda mano que se vendan en su zona. (Ver en la página 17 cómo encontrar un afinador adecuado.)

Si le pasa algo a un piano, asegúrese de que lo reparan antes de comprarlo, o al menos haga un cálculo de lo que costará la reparación, pues pudiera ser que con el coste de ésta su «ganga» le saliera al precio de uno nuevo.

Incluimos a continuación algunas sugerencias que le ayudarán a juzgar la calidad de los pianos:

PESO. En general, los pianos pesados son los mejores: duran más y permanecen afinados más tiempo que los ligeros. Una gran parte de su peso es debida a la estructura de hierro que soporta la tensión de las cuerdas. La estructura necesita ser muy fuerte para evitar la distorsión que podría desafinar las cuerdas.

No deje que le convenzan para comprar un piano ligero aunque pueda parecerle más barato. Cualquier ahorro se puede quedar en nada si tiene que afinarlo con más frecuencia que a un buen instrumento.

LAS TECLAS. Un piano debe tener un teclado completo de 88 notas: 52 teclas blancas y 36 negras. Los pianos más pequeños podrían limitar sus interpretaciones.

LA ACCION. Si está pensando en comprar un piano vertical, su mejor elección será la de un piano que tenga una «acción normal directa». (Se da el nombre de «acción» a las diferentes partes móviles que hacen que los macillos golpeen las cuerdas cuando se presionan las teclas.)

Las acciones normales directas son las habituales en los pianos verticales, de estudio y de consola. Tienen un toque uniforme, ligero y fácil que probablemente durará más que las acciones de caída, que se utilizan en algunos de consola y en la mayor parte de las espinetas. Pida que le enseñen las especificaciones de cualquier piano que le interese, para averiguar el tipo de acción utilizado. (Este comentario no se aplica a los pianos de cola, que tienen un diferente tipo de acción.)

CUERDAS. Un piano debe tener una serie completa de 230 cuerdas, dos envueltas en cobre para cada nota «baja» y tres de alambre para cada nota «aguda». Rechace los que sólo tengan dos cuerdas para las notas «agudas».

MACILLOS. Aunque posiblemente no podrá elegir mucho entre diferentes tipos de mazillos, es mejor que rechace los pianos con macillos químicamente reforzados para «durar siempre», pues suelen ser demasiado duros para dar a un piano un tono agradable.

CAJA DE RESONANCIA. El tamaño y calidad de la caja de resonancia es muy importante para que un piano tenga un buen tono y volumen. Una buena caja de resonancia será grande, tendrá una «corona» (curvatura) bien diseñada y estará hecha con los mejores materiales. Generalmente, los expertos están de acuerdo en que las mejores cajas de resonancia están hechas con madera de picea de grano cerrado y, al revés que los pianos más baratos, no son de madera laminada.

PEDALES. Todos los pianos tienen dos pedales, y algunos un tercer pedal medio. Compruebe que todos funcionan tan uniforme y silenciosamente como se dice en la página 15. Nota: Normalmente no merece la pena pagar más porque un piano tenga tres pedales en lugar de dos, pues la mayor parte de los pianistas no suelen utilizar el pedal medio.

COMO SUENA. El modo en que suena es importantísimo, pues el sonido es el resultado final por el que se juzga todo lo demás. Un buen piano debe tener un tono redondeado dulce: nunca un sonido ruidoso o demasiado metálico.

Pida una demostración de varios pianos del mismo tipo y tamaño, y escúchelos con la parte superior abierta. La diferencia entre ellos en cuanto a calidad de sonido resulta evidente en las notas más altas y más bajas. Las notas bajas deben ser profundas y resonantes, y las altas deben sonar claras, pero nunca duras. Probablemente, el mejor piano será el que tenga las notas bajas y agudas más claras, y el tono más dulce.

Un piano debe producir un tono uniforme en todo el teclado. Toque todas sus notas. Empiece con las inferiores a la izquierda del teclado y vaya progresando de nota en nota hasta las más agudas de la izquierda del teclado. No debe producirse ningún cambio repentino en tono o sonoridad de una nota a la siguiente.

Compare también el volumen de las notas extremas con el de las centrales del teclado. Siempre hay diferencia de volumen, pero aquellos en que sea menor serán probablemente los mejores instrumentos.

LA CAJA DEL PIANO. Es lo último en la lista de características, pues cuando se compra un piano, esto es lo menos importante. La «caja» no produce un efecto real sobre el piano en cuanto que instrumento musical. Es un mueble que puede modelarse casi en cualquier estilo: moderno, clásico, francés, etc. Cuanto más elaborado sea el diseño mayor será el precio, pero la caja exterior no hará que el piano sea mejor *como instrumento musical*.

Elija un diseño que le guste, pero no se deje engañar por un piano que tenga una hermosa caja encubriendo un instrumento de mala calidad: podría costarle más que uno bueno en un mueble más sencillo. Considere también que los diseños elaborados se pueden pasar de moda durante la vida del piano, lo que reduciría su valor.

La calidad del acabado de la caja es importante, pues debe soportar muchos años de uso. Las mejores cajas están hechas de madera sólida cubierta con dos o más capas de chapa para reforzarla y acabado con varias capas de barniz o laca.

Las sugerencias de las páginas anteriores le ayudarán a elegir el piano de mejor calidad por el precio que pueda pagar. He aquí otras cosas que deberá tener en cuenta cuando vaya a comprarlo:

Insista en llevarse el mismo que ha visto y tocado en la tienda.

Ya conoce su calidad y está seguro de que ha tenido tiempo de adaptarse a las condiciones ambientales normales. No acepte un instrumento que no ha visto y tocado. El «piano perfecto que está aún embalado» puede estar en un almacén húmedo... o tardar meses en llegar desde la fábrica.

Compruebe la afinación.

Cuando lo compre, el piano deberá estar afinado en «tono de concierto». Pida que comprueben la afinación mientras esté allí; al vendedor le será fácil hacerlo con la horquilla de afinación.

Asegúrese de que viene completo, con un taburete adecuado.

Pida una «garantía» escrita.

Todo piano nuevo debe tener una «garantía» escrita y un librito del fabricante que explique cómo cuidarlo. Lea las instrucciones cuidadosamente al llegar a su casa, y asegúrese de cumplir todos los requerimientos para no invalidar esa garantía.

Pida un recibo escrito.

Al comprar un piano nuevo, o de segunda mano, insista en que le hagan un recibo completo, y guárdelo, pues puede necesitarlo para hacer un seguro.

Concierte la entrega y la reafinación.

Ordene que se lo envíen rápidamente para que pueda disfrutar de él. Concierte también que se lo afinen después de la entrega, cuando haya tenido tiempo de asentarse en su nuevo ambiente. Exija que la primera afinación y los ajustes iniciales estén incluidos en el precio, ¡pues a menudo es así!

(Tras la primera afinación, el piano deberá afinarse de nuevo cada tres meses en su primer año, a menos que el librito de instrucciones lo establezca de otro modo.)

Incremente el seguro de su casa.

Proporcione a su compañía de seguros detalles completos del piano, precio incluido, y haga que lo añadan a su póliza, para asegurarse de que esté adecuadamente cubierto. Alternativamente, el vendedor del piano puede ofrecerle un seguro especial.

Empezar a tocar

Es muy importante el modo de sentarse y la posición de brazos y manos, pues afectará a la facilidad y calidad de la ejecución.

La espalda deberá estar siempre recta, inclinado ligeramente hacia delante, con los hombros relajados.

La parte superior de los brazos deberá estar vertical, y los antebrazos y manos trazarán una línea recta horizontal, con las puntas de los dedos descansando sobre las teclas.

Ante todo, siéntese cómodo y relajado cuando se disponga a tocar.

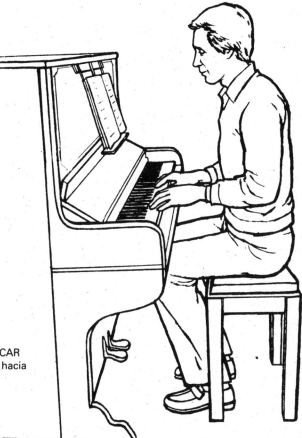

UNA BUENA POSICION PARA TOCAR
Espalda recta, ligeramente inclinado hacia delante.
Brazo vertical.
Antebrazos y manos horizontales.

Ponga este libro en el atril de las partituras y siéntese en el taburete frente a la parte central del teclado. Mueva el taburete hacia atrás o hacia delante hasta que sus brazos estén verticales cuando las yemas de los dedos estén sobre las teclas. Si su asiento no es lo bastante alto para que los antebrazos y manos estén rectos y horizontales, añada un cojín firme. *Luego siga leyendo...*

EN EL TECLADO

Siéntese frente a la parte central, tal como se explicaba en la página anterior, mientras sigue leyendo. El taburete ha de estar correctamente colocado, y deberá sentarse en una posición apropiada para tocar, pero de momento con las manos sobre las rodillas. Debe sentirse cómodamente sentado, pues aprenderá más rápidamente y tocará mejor si está relajado.

Todas las notas están dispuestas en un esquema regular de teclas blancas y negras: las blancas recorren el piano sin interrupción; las negras se encuentran en grupos alternados de dos y de tres. *Mire el teclado y cuente cada grupo de teclas negras de izquierda a derecha.* Observe que las negras siguen un esquema regular de «dos negras», «tres negras» entre las blancas.

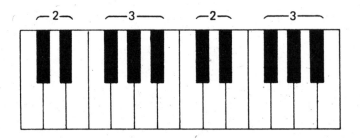

Este esquema regular de «dos negras»-«tres negras» es muy útil, pues nos permite encontrar las diferentes notas del piano, por ejemplo:

La tecla blanca que está a la IZQUIERDA de **cada** grupo de DOS TECLAS NEGRAS se llama **«C»**.

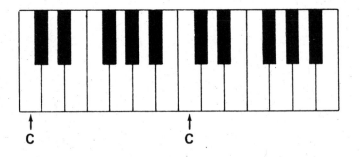

Encuentre cualquier **C** en el teclado y tóquelo con la punta de un dedo. Luego busque y toque todos los **C** del piano.

*Utilice un dedo de la mano derecha para tocar los **C** agudos de la derecha del teclado, y un dedo de la mano izquierda para tocar los C de la izquierda. Toque con los dedos ligeramente curvados, como se ve en la página siguiente.*

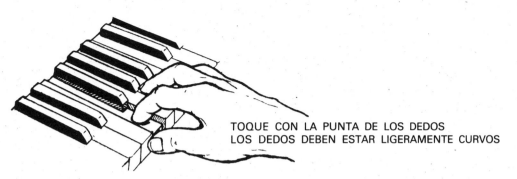

TOQUE CON LA PUNTA DE LOS DEDOS
LOS DEDOS DEBEN ESTAR LIGERAMENTE CURVOS

Todas las notas tocadas sobre las teclas blancas reciben el nombre de las siete primeras letras del alfabeto:

$$A - B - C - D - E - F - G$$

Después de G, los nombres de las notas empiezan otra vez por A:

$$\begin{matrix} A & B & C & D & E & F & G & A & B & C \\ 1 & 2 & 3 & 4 & 5 & 6 & 7 & 8 \end{matrix}$$ —, etc.

Como puede ver, después de cada siete notas hay otra con el mismo nombre. Reciben idéntico nombre porque su sonido es el mismo, más «alto» o más «bajo».

Busque y toque cualquier **C.** *Luego toque el* **C** *que esté ocho notas hacia la derecha.*

Observe la identidad de sonido de las dos notas, aunque la segunda sea más alta que la primera.

Recuerde la posición de los **C** y podrá encontrar todas las otras notas, pues van en orden alfabético, de izquierda a derecha:

D es la tecla blanca que está a la derecha de todo **C.** *Busque y toque todos los* **D.** (Hay siete **D** en un piano completo.)

E es la tecla blanca que hay a la derecha de todo **D.** *Busque y toque todos los* **E.**

F es la tecla blanca que está a la derecha de todo **E.** *Busque y toque todos los* **F.**

G es la tecla blanca que hay a la derecha de todo **F.** *Busque y toque todos los* **G.**

A es la tecla blanca que hay a la derecha de todo **G.** (Recuerde que, después de **G,** los nombres de las notas empiezan otra vez por **A.)** *Busque y toque todos los* **A.**

B está en la tecla blanca a la derecha de todo **A.** *Busque y toque todo* **B.**

Finalmente, **C** es la tecla blanca a la derecha de todo **B.**

Recuerde que todas las notas ocupan siempre el mismo lugar dentro del esquema de teclas negras y blancas del teclado, y así podrá moverse pronto con soltura por él.

Encuentre y toque cada nota leyendo esto:

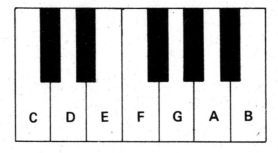

C está siempre a la IZQUIERDA de todo grupo de DOS teclas negras.

D está siempre en MEDIO de todo grupo de DOS teclas negras.

E está siempre a la DERECHA de todo grupo de DOS teclas negras.

F está siempre a la IZQUIERDA de todo grupo de TRES teclas negras.

G y **A** están siempre juntas en todo grupo de TRES teclas negras, situándose **A** a la derecha de **G**.

Y **B** está a la DERECHA de todo grupo de TRES teclas negras.

Empezando en cualquier C, toque las notas de las teclas blancas hacia la derecha, una tras otra, hasta que llegue a otro C. Diga el nombre de cada nota mientras la toca, y observe el lugar que ocupan en el esquema de blancas y negras del teclado:

C D E F G A B C

«ESCALA DE C»
TOCADA HACIA ARRIBA

Luego, toque las mismas notas en orden inverso, y diga el nombre de cada una al tocarla:

«ESCALA DE C»
TOCADA HACIA ABAJO

C B A G F E D C

Como ya sabe, las notas suenan fuertes cuando se golpea la tecla con firmeza, y suaves cuando se golpea con suavidad. No obstante, la mayor parte de la ejecución deberá hacerse en un nivel medio: ni fuerte ni suave. Trate de tocar uniformemente, para que sus notas suenen al mismo volumen medio.

Otra sugerencia: siga presionando cada tecla hasta que esté dispuesto a tocar la siguiente, de modo que cada nota dure más y su ejecución suene más uniforme.

Toque ahora la «Escala» de notas de un C al siguiente C tan uniformemente como le sea posible. Toque una «Escala» hacia la derecha del teclado con un dedo de la mano derecha. Luego toque una «Escala» de C hacia la izquierda del teclado con un dedo de la mano izquierda. Diga el nombre de cada nota al tocarla.

Toque luego las mismas notas en orden diferente:

$$C \quad E \quad {}^{G}\!F \quad G \quad {}^{A}\;{}^{B}\;G \quad D \quad C$$

TOCAR MARCANDO LOS TIEMPOS DEL COMPAS

Siéntese al piano, relajado pero dispuesto a tocar, y empiece a contar lenta y uniformemente:

<u>1</u> — 2 — 3 — 4 — <u>1</u> — 2 — 3 — 4 — <u>1</u> — 2 — 3 — 4 —

Cuente cada «1» con un poco más de fuerza para marcar mejor el ritmo. Si lo prefiere, golpee ligeramente con el pie al tiempo que cuenta.

Ahora, cada vez que cuente «1», toque una nota con un dedo de la mano derecha. Cuando pueda hacerlo así sin vacilar, toque la nota cada vez que cuente «1» y «3». Finalmente, cuente muy lenta y uniformemente y toque la nota en cada pulso: 1 — 2 — 3 — 4 —, etc. Repítalo todo tocando una nota con un dedo de la mano izquierda.

A continuación, trate de tocar notas diferentes al tiempo con el pulso que cuenta. Primero con un dedo de la derecha y luego con uno de la izquierda:

TOQUE:	C	D	E	F	G	F	E	D	C_____
CUENTE:	<u>1</u>	2	3	4	<u>1</u>	2	3	4	<u>1</u> 2 3 4

Mantenga el dedo en el último **C,** de modo que la nota siga sonando mientras cuenta cuatro pulsos.

Ha cubierto mucho terreno en las cuatro últimas páginas. Léalas de nuevo la próxima vez que vaya a tocar para asegurarse de que lo entiende todo.

Empezar a tocar melodías

Ha empezado ya a abrirse camino en el piano y a contar los pulsos. Está ya preparado para tocar algunas melodías sencillas.

Sus primeras melodías las tocará siempre en las teclas blancas de la parte central del teclado.

Busque y toque el **C** *más cercano a la parte central del teclado.* A esta nota se la llama **C CENTRAL.** (El «C central» estará inmediatamente delante de usted, a la izquierda de un grupo de dos teclas negras, si se halla sentado en posición correcta frente a la parte central del piano.)

Toque ahora el **C** *central y las siete notas «blancas» que hay a su derecha con un dedo de la mano derecha.* Diga el nombre de cada nota cuando la toque.

Luego toque el **C** *central y las siete notas «blancas» que hay a su izquierda con un dedo de la mano izquierda.* Diga el nombre de cada nota cuando la toque.

Cuando lo haya hecho así, habrá tocado tres C, dos D, dos E, etc. Al ir a tocar melodías tendrá que saber exactamente qué notas ha de tocar. Por ello, de momento, utilizaremos letras «minúsculas» para designar al C central y las notas a su derecha, y letras «mayúsculas» para la izquierda del C central:

NOTAS DEL CENTRO DEL TECLADO

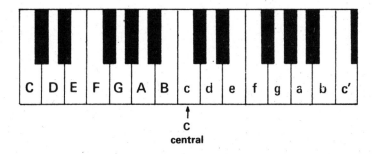

Utilice este dibujo del centro del teclado para encontrar las notas de la melodía de la página siguiente.

(La octava nota por debajo del **C** central la llamaremos **c'**, para que pueda encontrarla a partir del C central.)

Cuente lenta y uniformemente, golpeando con el pie al tiempo del pulso, y toque la melodía siguiente. Observe que se traza una delgada línea entre cada serie de 4 pulsos para que las notas y las cuentas sean más fáciles de leer. No debe detenerse en esas «Barras Divisorias», sino que ha de contar uniformemente 1 2 3 4 1 2 3 4 como si no estuviera allí. Cuente lentamente los pulsos extras al principio para coger la velocidad.

UNA MELODIA SIMPLE

Tóquela con un dedo de la mano derecha.

```
                                          a
                                  g   f     g
                         f          e    f    f
MANO              e    d       e              e
DERECHA      c                                  d
                                                   c_____
CUENTE   1  2  3  4 | 1  2  3  4 | 1  2  3  4 | 1  2  3  4 | 1  2  3  4 ||
```

Observe que el final de la música está marcado por una «Doble Barra Divisoria».

(¿Tocó los **g** y **a** correctos? Estas notas están una al lado de la otra, como puede ver en el dibujo del teclado de la página anterior.)

En las siguientes melodías, algunas notas duran más que otras. Esto no es un problema si cuenta usted lenta y uniformemente, y toca cada nota al tiempo con el pulso que le corresponde. (Mantenga pulsada la tecla de cada nota hasta que tenga que tocar la siguiente; de ese modo todas las notas durarán el número correcto de pulsos.)

«SKIP TO MY LOU». Canción folk americana.
Puede ver aquí cómo las palabras de la canción se adecuan a la melodía. Cuente lentamente los pulsos, dando un poco más de fuerza a cada «1» para establecer el ritmo.

```
                                                g ___
MANO                      e   e           e   e         d   d
DERECHA                         c   c                          B   B
CUENTE   1  2  3  4 | 1   2   3   4 | 1   2   3   4 | 1   2   3   4 |
                     Lost my part-ner what'll I  do__ lost my part-ner
```

```
              f___               g ___
         d  d        e   e           e   e     d   d   e   d      c___  c___
CUENTE   1  2  3  4 | 1  2  3  4 | 1  2  3  4 | 1   2   3   4 | 1   2   3  4 ||
         what'll I  do__ Lost my part-ner what'll I do__ Skip to my Lou, my dar - ling__
```

(Observe que **B** es la nota que está a la izquierda del **C central**.)

Se repite aquí el dibujo del teclado para ayudarle a encontrar las notas de las melodías de esta página.

NOTAS DEL CENTRO DEL TECLADO

C D E F G A B c d e f g a b c'

↑
c
central

«BOBBY SHAFTOE». Canción folk americana e inglesa.
Toque esta melodía con un dedo de la mano derecha.

| MANO DERECHA | | | | | c | c | c | f | e | g | e | | c | d | d | d | d |
| CUENTE | 1 | 2 | 3 | 4 | 1 | 2 | 3 | 4 | 1 | 2 | 3 | 4 | 1 | 2 | 3 | 4 |

Bob - by Shaft - oe's gone to sea, ___ Sil - ver buck - les

| | d | B | | c | c | c | f | e | g | e | | c | d | | f | d | d | c ___ | | c ___ |
| | 1 | 2 | 3 | 4 | 1 | 2 | 3 | 4 | 1 | 2 | 3 | 4 | 1 | 2 | 3 | 4 | 1 | 2 | 3 | 4 |

on his knee, ___ He'll come back and mar - ry me, ___ Bon - ny Bob - by Shaft - oe. ___

Toque la siguiente melodía con un dedo de la *mano izquierda:*

«GO AND TELL AUNT RHODY». Canción folk americana.

| MANO IZQUIERDA | | | | | E | E | E | D | C ___ | C ___ | | D | D | D | F |
| CUENTE | 1 | 2 | 3 | 4 | 1 | 2 | 3 | 4 | 1 | 2 | 3 | 4 | 1 | 2 | 3 | 4 |

Go and tell Aunt Rho - dy, ___ Go and tell Aunt

| E | D | C ___ | | G | G | G | F | E ___ | E | E | D | D | E | D | C _____ |
| 1 | 2 | 3 | 4 | 1 | 2 | 3 | 4 | 1 | 2 | 3 | 4 | 1 | 2 | 3 | 4 |

Rho - dy, ___ Go and tell Aunt Rho - dy, her old grey goose is dead. _____

Practique estas melodías hasta que las pueda tocar fácilmente al tiempo con el pulso.

Tocar con todos los dedos

El siguiente paso le ayudará a tocar más uniformemente y le permitirá empezar a hacerlo con ambas manos al mismo tiempo.

De ahora en adelante deberá estar especialmente relajado y ser paciente consigo mismo, pues tendrá que utilizar sus dedos de un nuevo modo. Preste atención a todas las instrucciones y sugerencias, y asegúrese de que lo puede tocar todo correctamente antes de proseguir.

NUMERACION DEL PULGAR Y LOS DEMAS DEDOS
Para tocar el piano se numeran el pulgar y los demás dedos de cada mano.

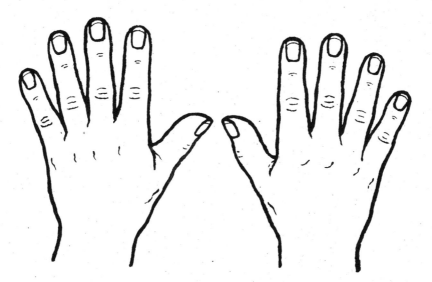

Recuerde que el pulgar es siempre «1», y los dedos son «2», «3», «4» y «5». Aprenda esta numeración para que sepa qué dedo debe utilizar para cada nota. (Tenga mucho cuidado si toca otro instrumento, pues la digitación del piano puede no ser la misma.)

CUIDE SUS MANOS
Mantenga bien cortas las uñas de los dedos para que no choquen con las teclas al tocar: lo mejor es cortarlas al nivel de la punta de los dedos.

Lávese las manos antes de tocar, para mantener limpias las teclas.

No intente tocar nunca con las manos frías, pues sus dedos estarán rígidos.

Flexione los dedos antes de tocar para darles agilidad. Puede soltar las articulaciones de los dedos cerrando el puño con fuerza y lanzándolo lejos de usted, de modo que se abran y estiren. *Inténtelo.*

Siéntese relajado al piano y coloque el pulgar y los demás dedos de la mano derecha ligeramente sobre las teclas, tal como se ve en la página siguiente. Su pulgar (1) deberá estar en el C central, el dedo índice (2) en **d**, el dedo corazón (3) en **e**, etc. (Por el momento no ponga la mano izquierda sobre las teclas; déjela reposando sobre la rodilla.)

La mano derecha deberá estar relajada y posada tan ligeramente que no pulse ninguna de las teclas. Todos los dedos deberán estar ligeramente curvados, pero el pulgar estará recto.

Toque ahora varias veces el C central moviento el pulgar (1) arriba y abajo lentamente mientras cuenta un pulso de 1 2 3 4 1 2 3 4.

Toque ahora con el dedo índice (2) y haga sonar la nota **d**. Eleve lentamente el índice *mientras pulsa el dedo corazón* (3) para tocar la nota **e**. Hágalo varias veces —**d e d e d**— mientras cuenta 1 2 3 4 1 2 3 4. Los dedos deberán dar la impresión de estar «caminando» de una tecla a la siguiente, haciendo que las notas suenen suavemente una tras otra.

Relaje y descanse la mano derecha sobre la rodilla, mientras toca con la mano izquierda. *Ponga el pulgar izquierdo* (1) en **G**, el *índice* (2) en **F**, el *corazón* (3) en **E**, etc., tal como se ve en la página siguiente.

Toque **G** varias veces con el pulgar izquierdo (1) mientras cuenta un pulso.

Luego toque **E F E F E** varias veces «paseando» el dedo corazón (3) y el índice (2) suavemente de una tecla a la siguiente mientras cuenta 1 2 3 4 1 2 3 4.

ENTRENAR LOS DEDOS
Practique esto unos minutos cada vez que toque para acostumbrar los dedos a moverse independientemente. Pasee los dedos de una tecla a la siguiente para que su ejecución tenga un sonido suave y profesional. En un principio, toque separadamente con cada mano, y luego con las dos al mismo tiempo. Empiece lentamente, y trate de conseguir que cada nota suene igual de fuerte:

MANO DERECHA

DEDO	1	2	3	4	5	4	3	2	1
NOTA	c	d	e	f	g	f	e	d	c

MANO IZQUIERDA

DEDO	1	2	3	4	5	4	3	2	1
NOTA	G	F	E	D	C	D	E	F	G

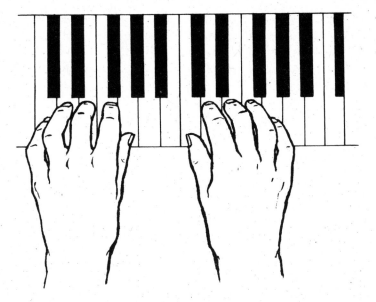

AMBAS MANOS SOBRE EL TECLADO

LOS DEDOS POSADOS LIGERAMENTE SOBRE LAS TECLAS

EL PULGAR RECTO, LOS DEDOS LIGERAMENTE CURVADOS.
TOQUE CON LAS PUNTAS DE LOS DEDOS

IMPORTANTE

Puede practicar el modo de mover los dedos que se explica en la página anterior siempre que tenga un momento de descanso, incluso aunque no esté al piano. Descanse los pulgares y puntas de los dedos ligeramente sobre una superficie firme y practique el mover un dedo tras otro mientras cuenta. Flexione los dedos antes y después de hacerlo para soltar las articulaciones.

La siguiente melodía se toca con todos los dedos. Ponga las manos en las posiciones que utilizó para practicar el entrenamiento de los dedos:

	MANO IZQUIERDA						MANO DERECHA			
DEDOS	5	4	3	2	1		1	2	3	4	5
					PULGAR		PULGAR			
NOTAS	C	D	E	F	G		c	d	e	f	g

Ejecute cada una de estas notas, una tras otra, para «calentar» los dedos. Luego toque la parte de la mano derecha de *Jingle Bells,* asegurándose de dar a cada nota el número correcto de pulsos. Cuando pueda hacerlo, toque por sí sola la parte de la mano izquierda. Toque luego conjuntamente con las dos manos: las notas que están una encima de la otra se tocan al mismo tiempo.

«JINGLE BELLS». Villancico navideño de James Pierpoint.

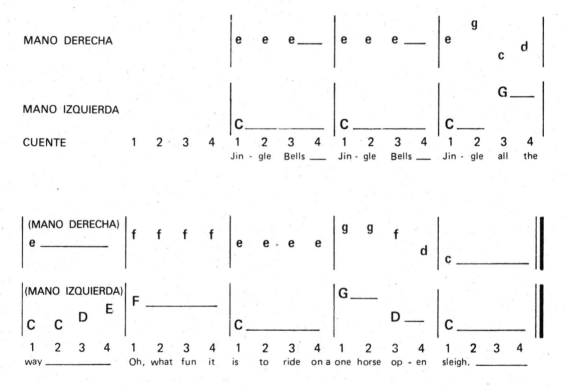

Trate de mantener la vista en el libro y toque sin mirar a las teclas. En tanto en cuanto sus dedos estén en los lugares adecuados y utilice los dedos correctos, tocará las notas correctas.

Antes de tocar una melodía, concédase unos momentos para pensar en ella. Cante o silbe para sí las primeras notas, para captar el sentimiento de la tonada, y empiece a tocar y cantar a la velocidad apropiada.

Cómo practicar

Trate de practicar todos los días al menos veinte minutos. La práctica regular diaria es mucho mejor que tocar varias horas una o dos veces por semana. Cuanto más a menudo toque mejor lo hará y más placer obtendrá de su música.

Si le es posible, elija momentos en que pueda estar a solas. No hay nada peor que alguien le esté escuchando mientras aprende a tocar.

Tenga paciencia. Asegúrese de que puede tocar todas las piezas suavemente a la velocidad adecuada antes de pasar a la siguiente melodía. No obstante, trate de aprender algo nuevo todas las semanas, aunque sólo sea una melodía simple.

Todo lo que empiece a tocar hágalo lentamente. Cuando pueda tocar correcta y uniformemente, vaya cogiendo de modo gradual la velocidad apropiada. Nunca tocará bien si trata de hacerlo de prisa demasiado pronto.

Relájese cuando esté tocando. Dé a sus dedos un descanso de cuando en cuando, y deje de tocar un rato si los nota cansados o rígidos.

No se desanime si su ejecución no parece mejorar muy rápidamente. En tanto en cuanto practique regularmente, aprenda nuevas cosas y siga intentando mejorar, su ejecución irá mejorando poco a poco.

Planifique su práctica del modo siguiente para obtener el mejor partido de su tiempo:

1. Flexione los dedos para soltarlos. Caliente las manos si están frías.

2. Practique los modelos de «entrenamiento de dedos» de la página 36: le ayudará a obtener un mejor control de sus dedos. Asegúrese de tocar esos ejercicios suave y uniformemente.

3. Practique algo nuevo o algo que no le salga bien. Si alguna parte de una melodía le parece difícil o retrasa su ejecución, practíquela separadamente unos minutos todos los días hasta que le salga sin esfuerzo. Luego trate de tocar toda la melodía con soltura.

4. Finalmente, toque música que ya sepa. Trate de pulir su ejecución corrigiendo cualquier error, incluso aunque toque sólo para divertirse, pues de este modo no cogerá malos hábitos.

Empezar a leer música

Aprender a leer música es mucho más sencillo de lo que se suele creer. No hay ningún misterio en ello: una pieza musical es simplemente una serie de instrucciones que nos dice cómo tocar una melodía particular. Los diferentes signos nos lo indican todo sobre esa pieza: qué notas tocar, cuándo y cómo hacerlo, y cuánto debe durar el sonido.

Ya sabe más de música de lo que usted mismo cree. Sabe los nombres de las notas de las teclas blancas, y ha aprendido a tocarlas con los pulsos que usted cuenta. El resto no es difícil.

Cierto que puede aprender a tocar el piano sin leer música... si tiene un oído excepcional o desea limitarse a tonadas simples; pero si quiere aprender melodías nuevas con más facilidad, rapidez y corrección, deberá dedicar un poco de tiempo a aprender a leer música. Este es el mejor momento para hacerlo y dar el siguiente paso para convertirse en un buen pianista.

COMO SE ESCRIBE LA MUSICA

Las notas musicales se escriben en una serie de líneas llamadas pentagrama. Cada línea y espacio de un pentagrama son como los peldaños de una escalera musical: una nota está en una línea, la nota siguiente está más arriba, en el espacio que hay antes de la otra línea, etc. Cuanto más aguda es la nota, más arriba está en el pentagrama.

La música para piano se escribe en dos pentagramas unidos por una llave. Hacen falta dos pentagramas porque en un piano hay muchas notas.

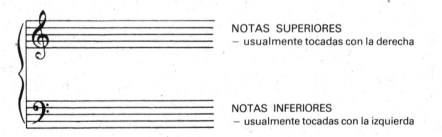

NOTAS SUPERIORES
– usualmente tocadas con la derecha

NOTAS INFERIORES
– usualmente tocadas con la izquierda

El pentagrama *superior* está destinado a las notas de la parte derecha del teclado, que se suelen tocar con la mano derecha.

El pentagrama *inferior* está destinado a las notas de la parte izquierda del teclado, que se suelen tocar con la mano izquierda.

(Las notas del centro mismo del teclado pueden aparecer en cualquiera de los pentagramas.)

Al principio de todo pentagrama hay un signo llamado «Clave»:  en cada uno de los pentagramas superiores de la música de piano, y 𝄢 en los pentagramas inferiores. Las claves nos ayudan a leer la música, pues marcan la posición de una nota en cada pentagrama.

La «Clave de Sol» o «Clave de G» en segunda línea, marca la posición de la nota «g» en la segunda línea.

CLAVE DE G

POSICION DE LA NOTA «g» EN LA 2.ª LINEA

En tanto en cuanto recuerde la posición de «g», podrá sacar todas las otras notas que se tocan usualmente con la mano derecha:

«g» está en la segunda línea, la siguiente nota más alta —«a»— estará en el espacio superior, «b» en la línea media, etc. Hacia abajo, «f» estará en el espacio inferior a «g», y «e» en la línea de abajo, y «d» bajo la línea inferior. Entonces, la siguiente nota inferior, la C central, se hallará sobre una línea corta debajo del pentagrama.

NOTAS SUPERIORES ARRIBA DEL PENTAGRAMA

Así es como aparecen estas notas en la música escrita:

Las plicas o «rabos» de las notas pueden ir hacia arriba (♩) o hacia abajo (♩), sin que ello implique ninguna diferencia en ellas.

Toque todas esas notas con un dedo de la mano derecha diciendo sus nombres en el momento de tocarlas. Comience por el C central y toque las teclas blancas de su derecha.

En el pentagrama inferior de la música de piano se utiliza otra clave:

 la «Clave de F», que marca la posición de la nota **F** en la segunda línea de arriba a abajo. El «punto» grande de la Clave F marca la nota:

CLAVE DE F

POSICION DE LA NOTA «F»
EN LA 2.ª LINEA DEL PENTAGRAMA DESDE ARRIBA

En tanto en cuanto recuerde la posición de **«F»,** podrá sacar todas las otras notas que se suelen tocar con la mano izquierda.

«F» está en la segunda línea desde arriba, **«G»** en el espacio superior y **«A»** en la línea superior. Hacia abajo, **«E»** está en el espacio que hay debajo de **«F»,** luego **«D»** está en la línea de en medio, etc.

NOTAS BAJAS EN EL FONDO DEL PENTAGRAMA F   C CENTRAL

Así es como aparecen las notas en música:

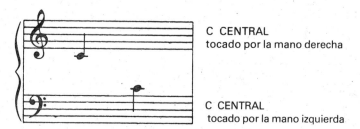

G' A' B' C D E F G A B C CENTRAL

Toque todas estas notas con un dedo de la mano izquierda, diciendo su nombre al tocarlas.

Ya habrá observado que el «C Central» aparece sobre una línea corta *debajo* del pentagrama superior y sobre una línea corta *encima* del pentagrama inferior. Se indica en ambos pentagramas porque puede ser tocado por una tercera mano:

C CENTRAL
tocado por la mano derecha

C CENTRAL
tocado por la mano izquierda

Podrá tocar las siguientes melodías con las notas que indicamos aquí. *Antes de empezar a tocar coloque los dedos ligeramente sobre las teclas. Asegúrese de que cada dedo está sobre la tecla apropiada.* El pulgar derecho debe hallarse sobre el **C** central, y el pulgar izquierdo en **G**. Vaya tocando entonces cada una de estas notas:

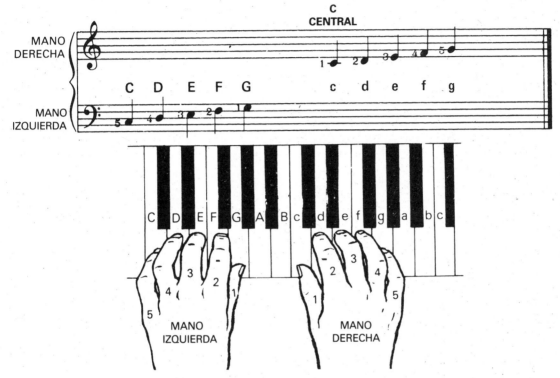

Los números pequeños que acompañan las notas de los pentagramas indican el dedo que debe utilizar para tocar cada nota: 1 = pulgar, 2 = índice, etc.

Trate de mantener la vista fija en la música escrita mientras toca la siguiente melodía. Ponga las manos en el lugar apropiado, concéntrese en la lectura de las notas y pulse con el dedo correcto sin mirar a las manos.

ECOS MUSICALES

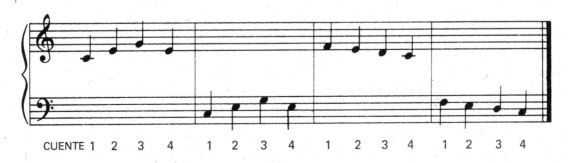

Como ya sabe por las melodías que ha estado tocando, algunas notas duran más pulsos que otras. En música, la *forma* de una nota nos dice los pulsos que ha de durar.

♩ es una negra. En la mayor parte de la música dura 1 pulso.

♩ es una blanca. Suele durar 2 pulsos.

o es una redonda. Suele durar 4 pulsos.

Puede contar los pulsos y adecuarlos a las notas mientras cuenta, igual que ha hecho con las melodías que ha estado tocando.

CUENTE 1 2   3   4   1   2   3 4   1   2   3   4

LA NEGRA TIENE ESTA DURACION   LA BLANCA TIENE ESTA DURACION   LA REDONDA TIENE ESTA DURACION

Toque este ejemplo con el dedo anular (4.º) de la mano derecha mientras cuenta lentamente el pulso. La tecla de una nota manténgala apretada hasta que haya que tocar la siguiente, de modo que cada nota dure lo que deba.

Luego coloque las dos manos en su lugar, tal como se describe en la página 43, y toque el ejemplo siguiente mientras cuenta. *Cuente lentamente.*

CUENTE 1 2 3 4   1 2 3 4   1 2 3 4   1 2 3 4

Asegúrese de tocar uniformemente sin detenerse en las «Barras divisorias». *Luego toque el ejemplo siguiente con ambas manos. Recuerde: las notas que están una encima de otra se tocan al mismo tiempo.*

CUENTE 1 2 3 4   1 2 3 4   1 2 3 4   1 2 3 4

Ahora utilice lo que ha aprendido para tocar una pieza musical.

ODA A LA ALEGRIA, de Beethoven.
Observe que las líneas 1.ª, 2.ª y 4.ª son casi las mismas; sólo los finales son diferentes. Coloque las manos como se describe en la página 43 y cuente lentamente 1 2 3 4 para coger la velocidad antes de empezar.

CUENTE 1 2 3 4 1 2 3 4 1 2 3 4 1 2 3 4

1 2 3 4 1 2 3 4 1 2 3 4 1 2 3 4

1 2 3 4 1 2 3 4 1 2 3 4 1 2 3 4

1 2 3 4 1 2 3 4 1 2 3 4 1 2 3 4

«I KNOW WHERE I'M GOING». Canción folk irlandesa e inglesa.
Como puede ver por los números de digitación que hay delante de las primeras
notas, esta melodía empieza con el pulgar (1) derecho en C central, y el dedo
meñique (5) izquierdo en el C de abajo: la misma posición de la página 43.

La segunda mitad de esta melodía es la misma que la primera, salvo al final.

1 2 3 4   1 2 3 4   1 2 3 4   1 2 3 4
I know where I'm go-ing   and   I know who's going with me   Oh,

1 2 3 4   1 2 3 4   1 2 3 4   1 2 3 4
I know who I love   but I don't know who I'll mar-ry   Now

1 2 3 4   1 2 3 4   1 2 3 4   1 2 3 4
I have shirt of silk   and shoes of fin-est lea-ther,   But

1 2 3 4   1 2 3 4   1 2 3 4   1 2 3 4
I would trade them all   to be with my true lov-er.

Empezar a tocar acordes

Un «acorde» es el sonido que se hace cuando se tocan al mismo tiempo dos o más notas. Pueden tocarse con cualquiera de las manos, o con ambas. En la música de piano se utilizan para añadir «armonía» y conseguir un sonido que sirva de «fondo» a las melodías.

ACORDES DE LA MANO DERECHA

Ponga la mano derecha en el teclado en la posición que ha estado utilizando. *Luego pulse con el pulgar (1) y el corazón (3) al mismo tiempo,* para tocar conjuntamente «C central» y «e». Deberá tocar las notas *exactamente* al mismo tiempo, y tratar de que suenen igual de fuertes. *Toque estas notas juntas varias veces.*

Como ya sabe, las notas que se tocan al mismo tiempo se escriben una encima de otra; por tanto, el acorde que ha tocado se escribiría así:

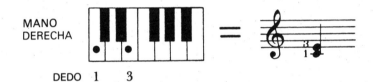

Ahora trate de utilizar dedos diferentes para tocar acordes distintos:

Primero toque «c» y «e» con el pulgar (1) y el corazón (3).

Luego toque «e» y «g» con el corazón (3) y el meñique (5).

Luego toque «d» y «f» con el índice (2) y el anular (4).

Finalmente, toque «c» y «e» de nuevo con el pulgar y el corazón.

Toque cada acorde cuatro veces contando lentamente un pulso. Asegúrese de que todas las notas suenan igual de fuerte. *Luego descanse la mano.*

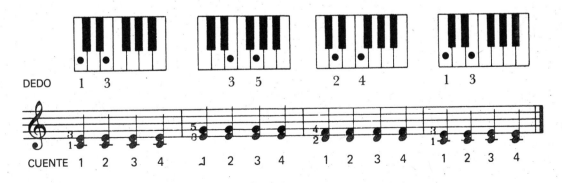

ACORDES DE LA MANO IZQUIERDA

También se pueden tocar acordes con la mano izquierda. *Pruebe éste:*

Coloque ligeramente sobre las teclas los dedos de la mano izquierda, con el pulgar (1) sobre G debajo del C central, como se ve en la página 43. Luego toque estos acordes de dos notas. (Asegúrese de tocar las notas de cada acorde con igual fuerza, y de que suenen exactamente al mismo tiempo.) *Toque cada acorde dos veces.*

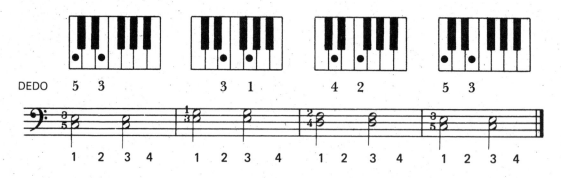

Los dedos no siempre tocan notas alternadas en los acordes. *Pruebe luego acordes hechos con diferentes combinaciones de notas.*

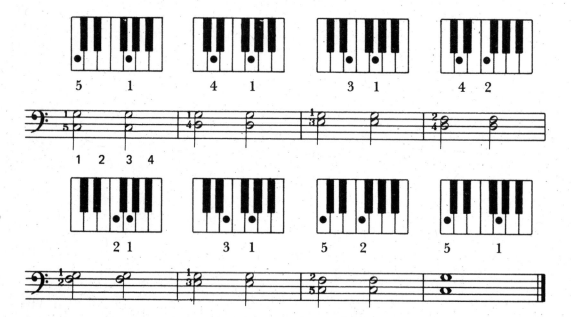

Cuando haya tocado estos acordes, relaje la mano izquierda flexionando los dedos y poniendo la mano sobre la rodilla.

Asegúrese de que puede tocar los acordes sin tropiezos y uniformemente con las manos derecha e izquierda antes de pasar a la melodía siguiente.

Observe cómo *Jingle Bells* tiene un sonido mucho más interesante cuando se añaden algunos acordes a la melodía.

«JINGLE BELLS»
Para poder tocar correctamente, siga las notas y la digitación con mucho cuidado.

49

Más sobre música

Al principio de toda pieza musical hay dos números o un signo – C – junto a cada una de las claves. Este es el signo del compás, que nos indica cuántos pulsos se deben contar por cada «compás». (Un «compás» es el espacio entre dos «barras divisorias».)

Si el número superior es «3», habrá 3 pulsos en cada compás.

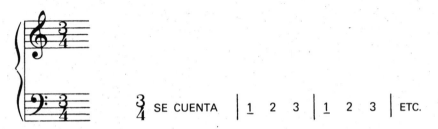

$\frac{3}{4}$ SE CUENTA | 1 2 3 | 1 2 3 | ETC.

Trate de tocar algunos acordes de dos notas con la mano derecha mientras cuenta tres pulsos por compás. Haga el primer pulso un poco más fuerte que los otros dos de cada compás.

CUENTE 1 2 3   1 2 3   1 2 3   1 2 3

Las melodías que había tocado hasta ahora con este libro tenían cuatro pulsos.

Esta música hubiera sido C («para compás de subdivisión binaria») o $\frac{4}{4}$ como al principio:

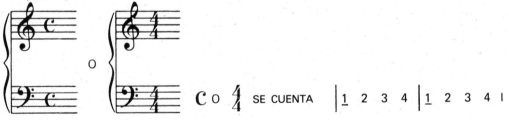

C o $\frac{4}{4}$ SE CUENTA | 1 2 3 4 | 1 2 3 4 |

NOTAS CON PUNTILLOS
Un pequeño punto detrás de una nota significa que su duración es la propia de la nota, más la mitad:

1 2 3   1 2 3

LA BLANCA   LA BLANCA CON PUNTILLO
DURA 2 PULSOS   DURA 3 PULSOS

LIGADURAS

A menudo, una nota se alarga uniéndose a la siguiente por una línea curva llamada «ligadura». La nota se toca una sola vez, pero dura el número total de notas «ligadas».

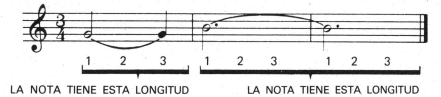

LA NOTA TIENE ESTA LONGITUD   LA NOTA TIENE ESTA LONGITUD

Esto sólo se aplica si la nota siguiente tiene el *mismo nombre y posición.*

LIGADURAS

Las líneas curvas bajo o sobre dos o más notas diferentes indican que esas notas se han de tocar sin interrupción:

= tocar sin interrupción   = tocar sin interrupción

Toque la siguiente melodía: le ayudará a aprender a reconocer todos los signos musicales explicados en estas dos páginas.

«DRINK TO ME ONLY WITH THINE EYES». Canción tradicional.
Cuente lentamente 1−2−3 antes de empezar a tocar.

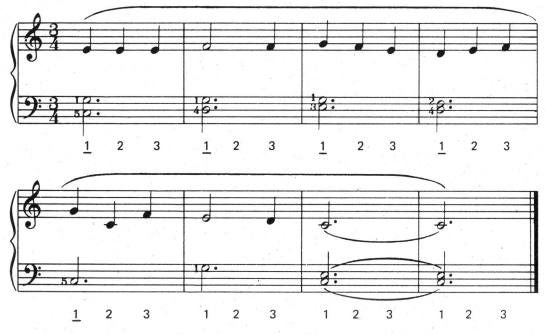

Notas de la mano izquierda

Hasta ahora ha utilizado la mano izquierda para añadir acordes de dos notas o notas únicas de bajo a las melodías que ha tocado. En el siguiente paso pondrá las dos juntas, de modo que bajo la melodía tocará las notas de bajo y armonía. De este modo se añade ritmo a la melodía y se hace más interesante la parte de la mano izquierda. *Pruebe esto:*

Ponga los dedos de la mano izquierda ligeramente sobre las teclas con el pulgar (1) sobre **G** y el meñique (5) sobre **C**. Luego siga estas instrucciones:

1. Toque **C** con su dedo meñique (5).

2. Toque **E** y **G** conjuntamente con su dedo corazón (3) y el pulgar (1), *levantando el dedo meñique de* **C** *cuando pulsa los otros dedos.*

3. Toque **E** y **G** juntos de nuevo.

Haga esto varias veces, mientras cuenta lentamente 1 2 3 1 2 3

Vuelva a tocar ahora lo mismo, pero toque **F** y **A** con el índice (2) y el pulgar (1) tras tocar **C** con el dedo meñique. *Su pulgar tiene que moverse una tecla a la derecha para tocar A:*

(Recuerde que **A** está en la línea superior del pentagrama, encima de **G**.)

Toque luego **D** con el dedo 4.º, seguido de **F** y **G** tocados conjuntamente con el índice (2) y pulgar (1). Observe que el pulgar ha de moverse hacia atrás dejando **A** para tocar **G**:

Ahora toque todas estas notas de bajo y acordes conjuntamente. *Lea con mucho cuidado las notas y los números de digitación, para estar seguro de que toca las notas correctas con los dedos adecuados.* Empiece lentamente y cuente de modo uniforme.

Cuando sea capaz de tocar esto sin interrupciones, sin retrasarse para tocar las diferentes notas o acordes, toque la melodía de la página siguiente.

«BEAUTIFUL, BEAUTIFUL BROWN EYES». Canción folk americana.

Toque primero la melodía (parte de la mano derecha), para saber cómo va. Toque luego conjuntamente las partes de la mano izquierda y derecha. Observe que las notas de la mano izquierda cambian cada dos compases. Cuente lentamente 1 2 3 1 2 3 para establecer la velocidad y el ritmo antes de empezar a tocar.

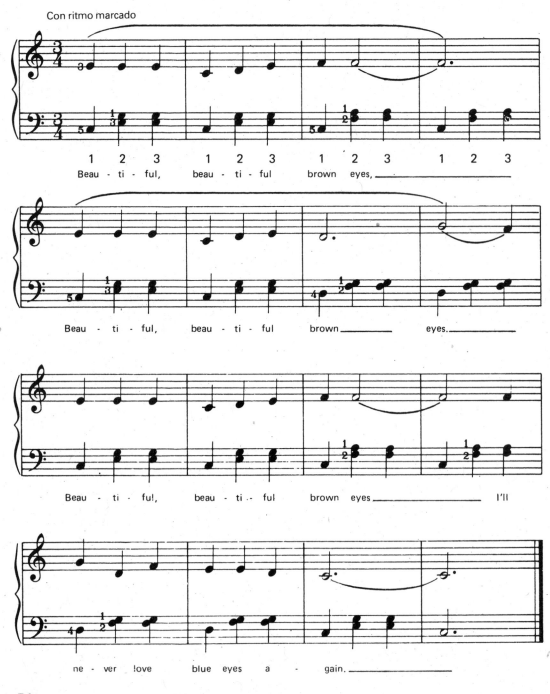

MAS NOTAS DE LA MANO IZQUIERDA

Empezaremos ahora a mover la mano izquierda a otros lugares del teclado para tocar acordes con diferentes notas.

Pruebe esto:

Toque **C** con el dedo meñique (5) de la mano izquierda. Luego,

Mueva la mano una tecla a la izquierda y toque **B** con el meñique.

Pase a otra tecla a la izquierda, para tocar **A** con el meñique.

Finalmente, otra tecla a la izquierda para tocar **G** con el meñique.

Toque ahora estas notas de nuevo, pero esta vez mueva toda la mano hacia atrás para tocar **E** y **G** conjuntamente tras cada nota:

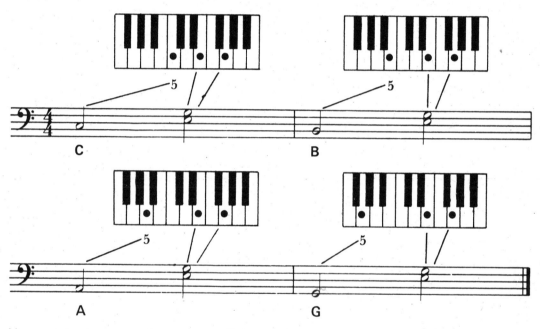

Haga esto unas cuantas veces, diciendo el nombre de cada nota de «bajo» al tocarla. Practique entonces tocar **C**, acorde, **G**, acorde, varias veces:

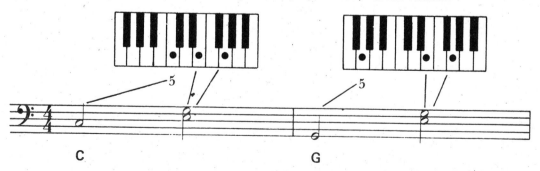

Siga repitiendo esto: **C**, acorde, **G**, acorde, **C**, acorde, **G**, acorde, hasta que pueda tocarlo de modo uniforme.

NOTAS DE LA MANO IZQUIERDA

Aquí tiene las notas de la mano izquierda que ha tocado hasta ahora, más otro **F** que está debajo de la línea inferior del pentagrama, y **B** encima del pentagrama:

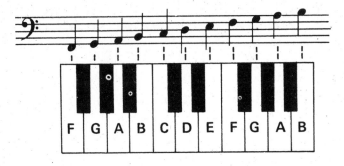

Ya ha tocado estos acordes (en la página 53). Ahora los vuelve a tocar con diferentes notas de «bajo». Si ha olvidado alguna de las notas, búsquelas en la parte superior de la página.

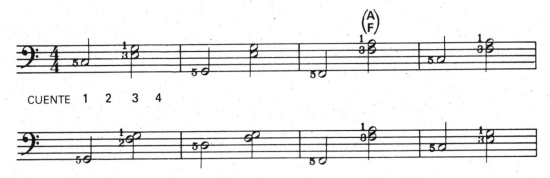

CUENTE 1 2 3 4

Debe mover la mano de un lugar a otro del teclado, así:

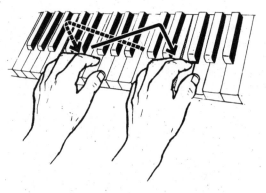

Trate de que su mano adopte la forma adecuada para las notas que va a tocar cuando aún no ha comenzado.

Toque la siguiente melodía para practicar las notas de bajo con acordes:

«EARLY EVENING»

Esta melodía está en un tiempo del $\frac{3}{4}$, por lo que deberá contar lentamente 1 2 3 1 2 3 para fijar la velocidad y el ritmo antes de empezar a tocar. (Observe que los acordes se tocan dos veces después de cada nota de bajo.)

Silencios

En muchas piezas musicales hay algunos pulsos en los que una mano toca mientras otra descansa. A veces ambas manos pueden descansar durante unos pulsos. Los silencios se cuentan exactamente igual que las notas.

El «Silencio de Redonda» indica también silencio de compás completo.

Toque y cuente este ejemplo para aprender cómo actúan los silencios:

SILENCIOS DE MANO IZQUIERDA

En algunas melodías, los compases primero y último no tienen todos los pulsos indicados por los signos del compás. Sucede así porque la melodía comienza en la mitad o al final del primer compás. En esas melodías, cuente los pulsos perdidos antes de empezar a tocar con el tiempo y ritmo correctos.

Cuente y toque estos ejemplos:

Contar el «tiempo» es el secreto que nos permite descubrir lo que debe durar cada nota o silencio para que la música suene bien. Empiece siempre a contar lenta y uniformemente, para entender el tiempo de la melodía, antes de tratar de tocarla a la velocidad correcta. Si algunas notas lentas parecen hacer más lenta su ejecución, practíquelas por sí solo hasta que pueda tocarlas a la misma velocidad que las otras partes de la melodía.

Asegúrese de que lo ha entendido todo hasta ahora antes de tocar la melodía siguiente.

«WHEN THE SAINTS GO MARCHING IN». Tema de jazz clásico.
Observe que este tema empieza en el segundo pulso del primer compás. Cuente
el primer pulso perdido: 1 2 3 4 1

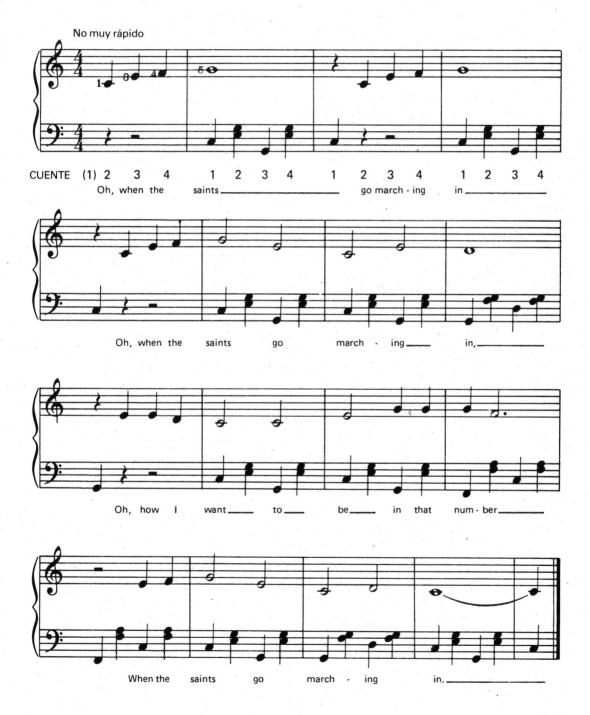

Más notas para tocar

NOTAS DE LA MANO DERECHA

Aquí están las notas que ha estado tocando con la mano derecha, junto con algunas otras que va a tocar a partir de ahora:

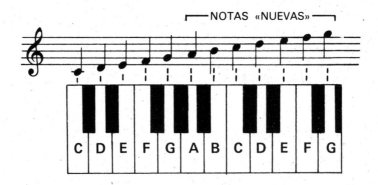

Puede tocar notas diferentes moviendo su mano derecha a otras partes del teclado de diversos modos. Primero, puede mover toda la mano derecha a otro lugar, lo mismo que hacía con la izquierda para tocar diferentes notas y acordes. *Trate de tocar esto. Siga los números de los dedos con mucho cuidado y diga el nombre de la nota al tocarla.*

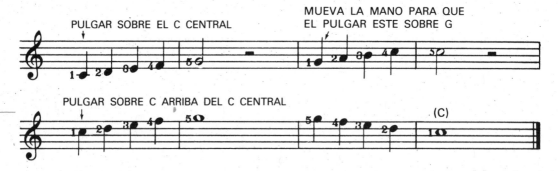

Mover la mano es un modo de alcanzar las notas que no están en el mismo lugar. Las notas de otras partes del teclado se pueden alcanzar también estirando los dedos, para que alcance más y toquen notas diferentes a las que han tocado hasta ahora.

Aquí el pulgar (1) toca C central, entonces el índice (2) toca **E**, el corazón (3) toca **G** y el meñique (5) termina en el **C,** que está arriba del C central. *Tóquelo.*

Utilice ahora lo que ha aprendido para tocar las notas que aquí ve. (Lea cuidadosamente cada nota y su número de dedo.)

La siguiente serie de notas va de G al siguiente G. *Trate de tocarla:*

PULGAR	INDICE	CORAZON	MEÑIQUE
TOCA G	TOCA C	TOCA E	TOCA G SUPERIOR

Tóquelo de nuevo, junto con algunas notas de la parte superior del pentagrama.

Las diferentes notas que ha aprendido aquí se encuentran en muchas de las melodías siguientes.

¿Está tocando correctamente?

Compruebe regularmente su ejecución para evitar malos hábitos:

¿Se sienta correctamente al piano cuando toca? Ver página 27.
¿Están sus manos en posición buena y relajada al tocar? Ver página 37.
¿Toca todas las notas con los dedos correctos? Siga los números de digitación, están ahí para ayudarle.
¿Lee correctamente la música? Ver páginas 40-44, 50, 51 y 58.
¿Toca uniformemente, sin acelerar o retrasar?
¿Cuenta los pulsos uniformemente cuando aprende nuevas canciones, de modo que la música suene como debiera?
¿«Pasea» los dedos de nota a nota, para que su música fluya suavemente?
¿Mantiene los dedos en cada tecla el tiempo suficiente, para que cada nota dure el número correcto de pulsos?

¿Cuándo afinó el piano por última vez? Si no lo ha hecho en seis meses, o si tiene algún fallo, ver páginas 17-19.

Si en el libro hay algo que no entiende, vuelva a leerlo.

Notas para ambas manos

Utilice esta página para buscar cualquier nota que pueda no conocer y aparezca en las melodías siguientes.

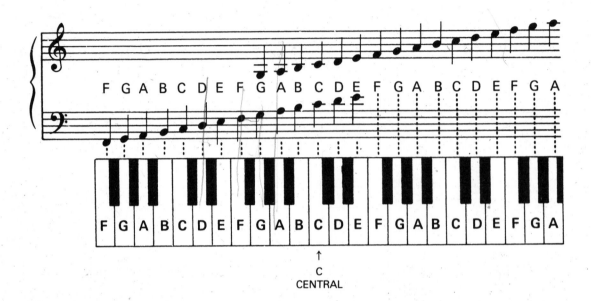

Observe que hay varias notas (como el C central) que se encuentran bajo el pentagrama superior y encima del pentagrama inferior sobre líneas cortas (llamadas Líneas Adicionales). Estas notas se pueden tocar con cualquier mano, dependiendo de donde estén escritas:

Cuando están debajo del pentagrama de la clave de Sol 🎼, suelen tocarse con la mano derecha.

Cuando están sobre el pentagrama de la clave de Fa 𝄢, suelen tocarse con la mano izquierda.

«AU CLAIR DE LA LUNE». Canción popular francesa.

Toque primero con cada mano para aprender cómo se toca cada parte. La mano derecha toca en dos lugares diferentes: siga la digitación. La mano izquierda toca a veces acordes de *tres* notas: asegúrese de que cada nota suena igual de fuerte. Luego toque con ambas manos. Cuente lentamente 1 2 3 4.

«BANKS OF THE OHIO». Canción folk americana.

Como en casi toda la música para piano, la digitación sólo se muestra cuando no es evidente, o cuando hay que mover la mano a otro lugar. Siga la cuenta cuidadosamente para que la melodía suene bien, y busque en la página 62 las notas que no pueda recordar.

«ON TOP OF OLD SMOKEY». Canción folk americana.

Lea todas las notas cuidadosamente, y asegúrese de utilizar la digitación correcta. Toque con cada mano separadamente; luego toque con las dos. Este tema tiene tres pulsos por compás. Cuente lentamente 1 2 3 1 2 3 para empezar:

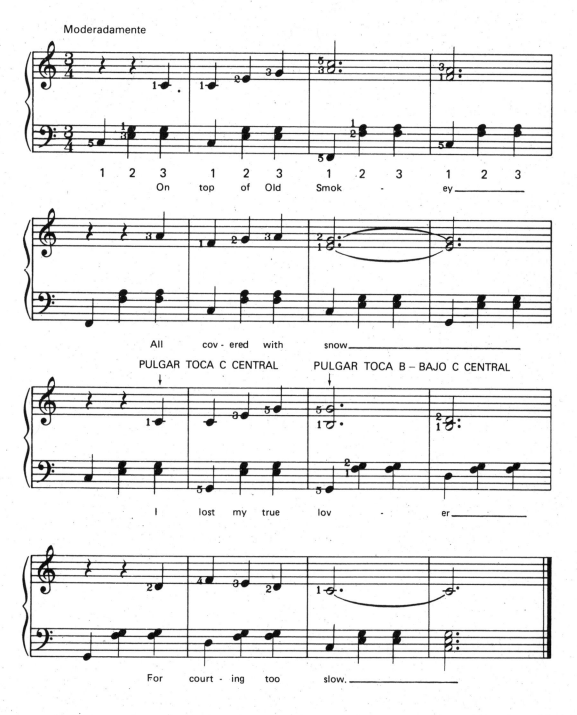

Música más avanzada

En muchos temas encontrará notas que duran menos que un pulso.

♪ es una corchea. Suele durar la mitad de un pulso.

Cuente el tiempo de las corcheas añadiendo una & (y) entre cada pulso:

1 & 2 & 3 & 4

♪ es una semicorchea. Dura la mitad de una corchea.

Las semicorcheas se cuentan mejor dividiendo cada pulso en cuatro partes, y contando así:

1 2 3 4 2 2 3 4 3 2 3 4 4 2 3 4

Las corcheas y semicorcheas suelen encontrarse unidas a otras corcheas y semi-corcheas.

DOS CORCHEAS   DOS SEMICORCHEAS   UNA CORCHEA   DOS SEMICORCHEAS

Cuente así las corcheas y semicorcheas:

CORCHEAS   SEMICORCHEAS CON CORCHEAS

1 & 2 & 3 & 1 2 3 4 2 2 3 4 3 2 3 4

Golpee con el pie sólo en los pulsos subrayados.

NEGRAS Y CORCHEAS CON «PUNTILLO»
Recuerde: un punto detrás de una nota la hace durar la mitad más.

Las negras y corcheas con puntillo se cuentan así:

NEGRAS PUNTILLADAS CON CORCHEAS   CORCHEAS PUNTILLADAS CON SEMICORCHEAS

1 & 2 & 3 & 4 & 1 2 3 4 2 2 3 4 3 2 3 4 4 2 3 4

PAUSAS DE CORCHEAS Y SEMICORCHEAS

Los silencios de corcheas (𝄾) y de semicorcheas (𝄿) se cuentan del mismo modo que las notas a las que reemplazan.

Toque y cuente todos los ejemplos de estas dos páginas antes de proseguir con las siguientes melodías.

Toque y cuente corcheas con tres pulsos por compás $\left(\frac{3}{4}\right)$

y cuatro pulsos por compás $\left(\frac{4}{4}\right)$

$\frac{2}{4}$ tiene DOS PULSOS por compás, así que cuente 1 & 2 & 1 & 2 &, etc.

Trate de tocar con la mano izquierda las negras y corcheas con puntillo.

(Observe que cuenta «y» sólo cuando toca una corchea.)

Cuente el pulso cuando toca por primera vez una pieza musical para coger el tiempo adecuado. Luego toque sin contar, cuando haya conseguido el sentimiento de la melodía.

«WALTZING MATILDA». Canción del monte australiano.

Toque primero la parte de la mano derecha. Lea cuidadosamente las notas y siga la digitación. (Mire las notas sobre «líneas adicionales» de la página 62.) Esta melodía tiene dos pulsos por compás, de modo que cuente lentamente 1 2 1 2 para empezar. Observe cómo prosigue la música en la página siguiente:

(Continúa en pág. siguiente.)

Waltz - ing Mat - il - da ___ waltz - ing Mat - il - da

you'll come a - waltz - ing Mat - il - da with me, and he

sang as he sat and wait - ed 'til his bil - ly boiled

you'll come a - waltz - ing Mat - il - da with me. ___

«THE RED RIVER VALLEY». Canción vaquera.

La mano izquierda toca las corcheas como acompañamiento de la melodía del tema. Toque la parte de cada mano separadamente, asegurándose de que todas las notas duran el número apropiado de pulsos. Luego toque lentamente con ambas manos. (Descanse la mano izquierda ligeramente sobre las teclas en la posición correcta antes de empezar.)

«YELLOW ROSE OF TEXAS». Canción del sur de los Estados Unidos.
En este tema, la mano derecha toca algunas negras con puntillo; cuente cuidadosamente para coger el tiempo. Descanse la mano izquierda en posición sobre las teclas antes de empezar a tocar. (Recuerde: C significa que hay cuatro pulsos por compás.)

«SILENT NIGHT». Canción navideña cantada por Franz Gruber.
Lea cuidadosamente esta pieza musical. Observe que la mano derecha se mueve
con frecuencia para tocar acordes con la melodía; asegúrese de utilizar la digitación correcta para cada nota. Tómese su tiempo con este tema y vuelva a él hasta
que lo ejecute sin interrupciones.

(Continúa en pág. siguiente.)

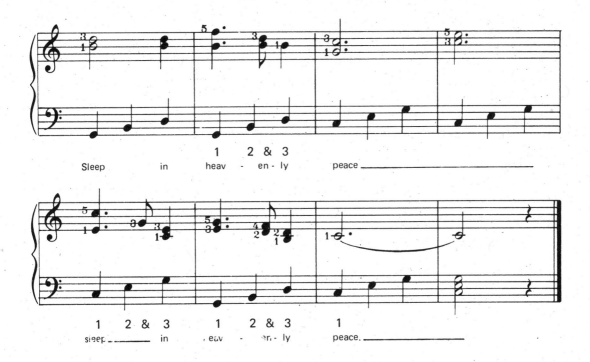

Sleep   in   heav - en - ly   peace _____

sleep _____ in   ,eav - er,- ly   peace. _____

«MICHAEL ROW THE BOAT ASHORE». Espiritual tradicional.

Observe que la mano izquierda toca algunos acordes y notas de bajos diferentes en este tema. Cuando llegue al final de la canción, tóquela de nuevo desde el principio.

Mich-ael   row   the boat a - shore   Hal - le - lu - yah.   Mich-ael

row   the boat a - shore   Hal - le - lu - jah.

Tocar series de notas

Hasta ahora se ha movido por el teclado «saltando» con toda la mano, o extendiendo los dedos para alcanzar las distintas notas. Pero hay que actuar de otro modo para tocar series de notas que no se pueden alcanzar con los cinco dedos.

LA MANO DERECHA
Las series de notas hacia la derecha del teclado se pueden tocar sin interrupciones pasando el pulgar bajo los dedos, así:

> Toque **C** central, **D** y **E** con el pulgar derecho (1), índice (2) y corazón (3). *Luego mantenga el dedo 3.° en **E**, y pase el pulgar bajo los dedos para tocar* **F**.

La muñeca y el brazo deberán permanecer lo más rectos posible y no girar cuando el pulgar se mueve bajo los dedos.

Utilice ahora esta «técnica» para tocar una escala de **C** con las menores interrupciones posibles, manteniendo cada nota hasta que haya que tocar la siguiente. *Siga cuidadosamente la digitación:*

Los dedos de la mano derecha cruzan por encima del pulgar para tocar series de notas hacia la izquierda del teclado, así:

Toque **A, G** y **F** con el dedo corazón (3), índice (2) y pulgar (1).

Luego mantenga el pulgar en **F** *y lleve el corazón sobre el pulgar para tocar* **E**. Entonces toque **D** y **C** central con el índice y el pulgar:

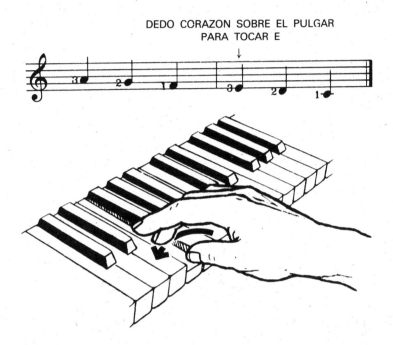

Toque ahora la escala de C lo más uniformemente posible, manteniendo cada nota hasta que toque la siguiente. *Siga cuidadosamente la digitación:*

LA MANO IZQUIERDA
Las series de notas se pueden tocar de un modo similar con la mano izquierda. *Pruebe esto:*

Ejecute series con ambas manos durante unos minutos cada vez que toque.

Utilice las siguientes melodías para practicar lo aprendido en páginas anteriores. Siga la digitación con exactitud y toque con el mínimo de interrupción y el máximo de uniformidad posible.

«YANKEE DOODLE». Canción popular americana.

CUENTE 1 2 3 4

Yan-kee Doo-dle went to town, a-rid-ing on a po-ny, He

PULGAR DEBAJO

DEDO CORAZON CRUZA POR ENCIMA

stuck a fea-ther in his cap and called it Mac-a-ro-ni.

«THE ASH GROVE». Melodía tradicional galesa.

Moderadamente

DEDO CORAZON CRUZA POR ENCIMA

(1) (2) 3

DEDO INDICE CRUZA POR ENCIMA

«CANCION DE CUNA». Brahms.

Suavemente, y no demasiado rápido

(1) (2) 3 &   1   2   3   &

PULGAR

«LONDONDERRY AIR». Famosa canción irlandesa.

Este tema se utiliza en muchas canciones, como en *Danny Boy.* Siga cuidadosamente la digitación, y asegúrese de que todas las notas duran el número correcto de pulsos. Mire las notas escritas sobre líneas adicionales en la página 62.

(Continúa en pág. siguiente.)

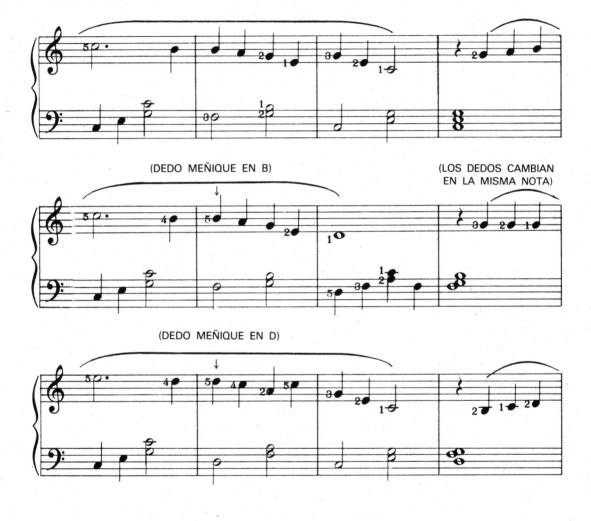

(DEDO MEÑIQUE EN B)   (LOS DEDOS CAMBIAN
EN LA MISMA NOTA)

(DEDO MEÑIQUE EN D)

Notas correspondientes a las teclas negras

Hasta ahora la música de este libro se tocaba con las teclas blancas del piano, utilizando lo que se conoce como «notas naturales»: A, B, C, D, E, F y G.

Las notas que se tocan con las teclas negras se conocen como notas «sostenidas» y «bemoles».

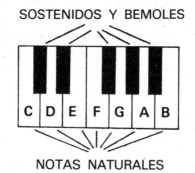

SOSTENIDOS (♯)
Una nota sostenida se toca en la tecla siguiente hacia la derecha de la «nota natural» del mismo nombre: **«C sostenida»** se toca en la tecla negra que está a la derecha de **C**.

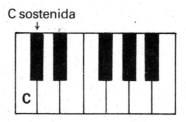

Las notas sostenidas se marcan con un signo de sostenido: ♯ . (C sostenida se escribe C ♯ .)

Toque todas las notas de las teclas negras, diciendo el nombre de cada una al tocarla. Observe que cada nota sostenida está en la tecla negra inmediatamente a la derecha de la nota natural del mismo nombre.

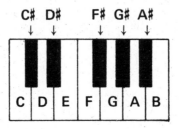

En los pentagramas, las notas sostenidas se indican con un signo de sostenido (♯) delante de la nota que ha de alterarse.

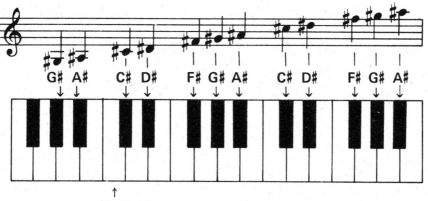

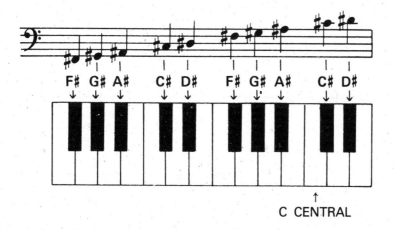

Toque mezcladas las notas naturales (en las teclas blancas) y las notas sostenidas (en las teclas negras) antes de proseguir con las siguientes melodías.
Aquí las notas de las teclas negras tienen un signo sostenido (♯) delante, y todas las otras son notas naturales tocadas en las blancas.

«COVENTRY CAROL». Villancico navideño del siglo XV.

Mire las notas sostenidas (♯) de la página anterior si lo necesita. Todas las demás las puede encontrar en la página 62.

«PARSLEY, SAGE, ROSEMARY AND THYME». Canción popular inglesa.

BEMOLES (♭)

Una nota bemol se toca en la tecla inmediatamente a la izquierda de la «nota natural» del mismo nombre: **«B bemol»** se toca en la tecla negra a la izquierda de **B,** etc.

Las notas bemoles se marcan con el signo ♭. (B bemol se escribe B♭.)

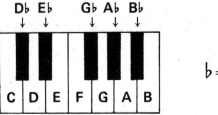

♭ = NOTA BEMOL

En los pentagramas, las notas bemoles se indican poniendo un signo de bemol (♭) delante de la nota que ha de ser «bemolada». *Toque todas las notas de las teclas negras, diciendo el nombre de cada una al tocarla.*

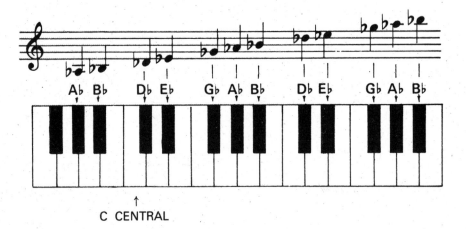

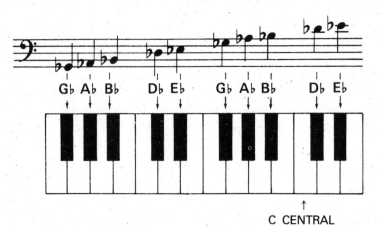

84

Toque estos ejemplos para practicar la lectura de los bemoles.

Toque esto con la mano izquierda.

Como probablemente ya se habrá dado cuenta, las notas tocadas en una tecla negra pueden tener un nombre bemol o uno sostenido.

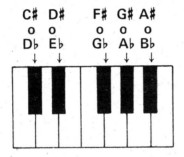

Además de cambiar las notas marcadas por ellos, los signos de bemol y sostenido afectan también a las notas que en la misma posición en el pentagrama siguen a aquéllas en el compás:

Sin embargo, si la nota ha de sostenerse o bemolarse en el siguiente compás, habrá que utilizar de nuevo el signo.

BECUADROS (♮)

Un sostenido o un bemol se puede cancelar con un «becuadro» (♮). Escrito delante de una nota, nos indica que se anula el efecto de alteración que antes el sostenido o el bemol había producido. Este signo afecta también a todas las notas en la misma posición que le siguen en el compás.

«STREETS OF LAREDO». Canción vaquera.

Esta melodía tiene notas sostenidas y bemoles, marcadas por los signos ♯ o ♭.
Los becuadros entre paréntesis (♮) nos recuerdan que los signos ♯ o ♭ no afectan a las notas que vienen después en el compás.

«WE SHALL OVERCOME». Espiritual tradicional.

Este tema tiene algunas notas sostenidas (♯) y bemoles (♭), además de acordes tocados con la mano derecha. Siga cuidadosamente la digitación para que ambas se muevan uniforme y correctamente. Si no recuerda alguna nota, mírela en la página 62, o en las páginas 81, 84, ó 107.

«GREENSLEEVES». Antigua canción de amor inglesa.

Léala cuidadosamente. Las notas marcadas con (♯) son también **G sostenido** porque el signo de sostenido que hay delante de la **G** previa afecta a todas las notas **G** que le siguen en el mismo compás. Las notas marcadas con (♮) son **G naturales** porque se encuentran en un nuevo compás y no tienen delante signos de sostenido.

(1) (2) 3
A - las my love____ you do me wrong To _

cast me off so dis - court - eous - ly, When

I have loved____ you, oh so long De -

- light - ing in ____ your com - pan - y.

(Continúa en pág. siguiente.)

Green - sleeves was all my joy_____ and

Green - sleeves was my de - light_____

Green - sleeves was my heart of gold_____ and

who but my la - dy Green sleeves.

Música en diferentes tonalidades

Como hemos visto en páginas anteriores, los sostenidos, bemoles y becuadros se pueden escribir cuando se necesitan para tocar piezas particulares de música. Sin embargo, los sostenidos y bemoles a menudo forman tanta parte de la música que se indican al principio de cada pentagrama, inmediatamente después de las claves. A estos signos de sostenido y bemol que están al principio de la música se les llama «Armaduras de Clave», y nos indican en qué clave está la música.

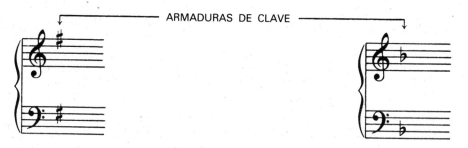

ARMADURAS DE CLAVE

Cada signo de sostenido o bemol de la armadura de clave se escribe en la posición de una nota. Afecta a TODAS LAS NOTAS de esa pieza que tienen el mismo nombre que la nota marcada. Aquí el signo de sostenido está en la posición de una «F» (se ve entre paréntesis). Significa que TODO F debe «ser sostenido».

= TODO F ES SOSTENIDO

Estas son las armaduras de clave con sostenidos que tiene más posibilidades de encontrar:

ARMADURAS DE CLAVES DE G Y E MENOR

= TODO F ES SOSTENIDO

ARMADURAS DE CLAVES DE D Y B MENOR

= TODO F Y C ES SOSTENIDO

ARMADURAS DE CLAVES DE A Y F♯ MENOR

= TODO F, C Y G ES SOSTENIDO

ARMADURAS DE CLAVES DE E Y C♯ MENOR

= TODO F, C, G Y D ES SOSTENIDO

Las armaduras de clave bemoles son similares. Cada signo de bemol está en la posición de una nota. Todas las notas del mismo nombre deben «bemolarse».

ARMADURAS DE
CLAVES DE F
y D MENOR

= BEMOLA
TODO B

ARMADURAS DE
CLAVES DE B♭
y G MENOR

= BEMOLA
TODO B y E

ARMADURAS DE
CLAVES DE E♭
y C MENOR

= BEMOLA
TODO B, E y A

ARMADURAS DE
CLAVES DE A♭
y F MENOR

= BEMOLA
TODO B, E A y D

Las distintas claves nos permiten tocar diferentes combinaciones de notas para hacer que nuestra música suene más variada e interesante. También nos permiten tocar más agudo o grave para adecuarnos a los distintos instrumentos y voces cuando queramos tocar con ellos.

Toque las escalas de las claves de G y F y escuche la diferencia.

En la escala de G, se toca F♯ en lugar de F (natural).

En la escala de F, se toca B♭ en lugar de B (natural).

ESCALA DE G (un sostenido)

F♯

ESCALA DE F (un bemol)

B♭

Las notas de la escala y otras del mismo nombre son las notas de la melodía que puede esperar encontrar en música en cada clave.

Los signos extra, ♯ , ♭ o ♮, pueden encontrarse en todas las claves. Recuerde que afectan también a todas las notas que se encuentren en la misma posición y vengan después en el mismo compás.

Procure leer correctamente los sostenidos, bemoles y becuadros, o su música no sonará correctamente. Si tiene alguna duda sobre sostenidos, bemoles, becuadros o armaduras de clave, vuelva a leer estas páginas.

«COCKLES AND MUSSELS». Canción popular irlandesa.

Practique separadamente la parte de cada mano antes de tocar con las dos. Este tema tiene **B bemol** en la armadura de clave, por lo que debe tocar **B♭** en lugar de **B**, excepto cuando el bemol sea cancelado por un becuadro (signo de natural) (♮). (En este tema las notas bemoles están marcadas como recordatorio.)

Moderadamente

In Dub-lin's fair ci-ty, where girls are so pret-ty, I first set my eyes on sweet Mol-ly Ma-lone. She wheel'd her wheel-bar-row through streets broad and nar-row Cry-ing Cock-les and Mus-sels a-live a-live-oh.

«AULD LANG SYNE». Vieja melodía escocesa. La letra es de Robert Burns. Practique separadamente con cada mano antes de tocar con las dos. Recuerde que la armadura de clave con un signo de bemol significa que debe tocar **B♭** en lugar de **B**.

«O CHRISTMAS TREE (TANNENBAUM)». Melodía tradicional alemana.

Este tema tiene un sostenido en la armadura de clave, por lo que se deberá tocar **F sostenido** en lugar de **F,** salvo en la tercera línea, en donde hay un becuadro (♮) que significa que se debe tocar **F natural.** Practique separadamente los acordes de la mano izquierda antes de tocar con las dos manos.

Suavemente

(1) (2) 3
O Christmas Tree, O Christmas Tree, Your **branches** green de - light us. O

Christ-mas Tree, O Christmas Tree, Your bran-ches green de - light us. They're

green when sum - mer days are bright, They're green when win - ter snow is white. O

Christmas Tree, O Christmas Tree, Your branches green de - light us.

94

«MINUETO EN G». Johann Sebastian Bach.

Un sostenido en la armadura de clave significa que se deberá tocar **F sostenido** en lugar de **F**. Siga cuidadosamente la digitación para que pueda ejecutar el tema uniformemente y sin interrupciones.

«PLAISIR D'AMOUR». De Martini il Tedesco.

Aquí la mano derecha toca la melodía y los acordes de acompañamiento. Los rabos de las notas de la melodía se dirigen hacia arriba (♩), los acordes de acompañamiento hacia abajo (♩). Recuerde que las blancas con puntillo (♩.) deben durar 3 pulsos en esta melodía. *Recuerde que F sostenido está en la armadura de clave.*

Moderadamente lento

«TUM BALALAIKA». Canción popular yiddish.

Este tema tiene **B bemol** en la armadura de clave, por lo que hay que bemolar todo **B**. Las notas marcadas (C♯) son notas sostenidas porque el signo ♯ delante de la primera C afecta también a las **C** que le siguen en el mismo compás.

«COPPELIA». De Leo Delibes.

Este tema le costará tiempo. Está escrito en la tonalidad de **E ♭**, con tres bemoles.
Recuerde que debe tocar **B ♭** en lugar de **B, E ♭** en lugar de **E**, y **A ♭** en lugar de **A**,
a menos que estén marcadas por el becuadro (♮).

(Continúa en pág. siguiente)

Cómo llegar a ser un buen pianista

Cuando haya llegado a esta parte del libro estará en camino de convertirse en un buen pianista..., siempre que haya aprendido a tocar cada pieza musical correctamente antes de pasar a la siguiente. Antes de seguir leyendo, vuelva a lo que no haya entendido y léalo de nuevo. Vuelva a cualquier pieza o parte que le resulte difícil y trate de tocarla bien. El secreto para convertirse en un ejecutante realmente bueno es tomarse la molestia de seguir practicando cada nuevo paso hasta que llegue a ser completamente natural.

Se encuentra en una etapa importante. Ya sabe mucho de tocar el piano y leer música. Es el momento de pulir lo que ha aprendido buscando y tocando nuevos temas.

A continuación incluimos unos consejos que le ayudarán a ser un pianista mejor y a gozar más con lo que toque.

PULA SU EJECUCION

Trate siempre de que su música fluya sin interrupciones. Asegúrese de que todos los dedos tocan las teclas con la misma fuerza, para que toda nota suene tan fuerte y clara como la siguiente. Practique con todos los dedos de ambas manos hasta que pueda tocar de modo uniforme y natural sin pensar en lo que está haciendo.

Tras tocar cada nota, mantenga el dedo sobre la tecla hasta que esté dispuesto a tocar la siguiente, a menos que haya un signo de silencio. «Pasee» los dedos de una nota a la siguiente, para que no haya vacíos entre las notas.

A veces, trate de tocar con los ojos cerrados y deje que su oído le diga si sus dedos están en el lugar adecuado. Eso le ayudará a tener más confianza y naturalidad al tocar el piano, y le hará más fácil el leer la música, pues no tendrá que estar todo el tiempo mirando a los dedos.

Si tiene un magnetófono o «cassette», grábese a sí mismo y escuche cómo toca. Coloque el micrófono a la derecha del piano y pruebe diversas posiciones hasta que encuentre el mejor sonido. Pero no ponga el micrófono sobre el piano, pues las vibraciones pueden estropear el sonido.

Escuche sus grabaciones y se dará cuenta de si falla o si carece de uniformidad. Feche y guarde las grabaciones. Luego, cuando crea que no está progresando, puede escucharlas y se dará cuenta de lo mucho que ha mejorado desde que hizo la grabación.

PRACTICA

Siga el consejo de «Cómo practicar» dado en la página 39. Trate de aprender algo nuevo todas las semanas, o mejore algo que está aprendiendo. Dedique unos minutos cada vez que toca para perfilar algo que le parezca difícil.

LEA MUSICA CON LA MAYOR FRECUENCIA POSIBLE

Cuanta más música lea, más fácil le resultará, por lo que debe practicar la lectura de música siempre que pueda. Busque nueva música para leer; cualquier música para piano servirá en tanto no sea muy complicada. Busque libros de diferentes tipos de música en su biblioteca, o compre partituras, tal como se explica en la página 103.

Todos los nuevos temas le ayudarán a aprender a leer más de prisa y tocar mejor. Al principio elija piezas simples: que no sean muy largas ni tengan muchos bemoles o sostenidos en la armadura de clave.

APRENDA DE OTROS PIANISTAS

Escuche música de piano tan a menudo como pueda: en discos, radio y televisión. Escuche atentamente todo tipo de música y los diferentes estilos de tocar, y trate de imaginar cómo podría ejecutarlos usted.

Salga a ver tocar a otras personas, preferiblemente en lugares donde pueda estar lo bastante cerca para ver lo que hace el pianista. Los instrumentistas no tienen que ser «ejecutantes de gran nombre». Puede aprender mucho de cualquiera que toque en público, en tanto en cuanto recuerde las normas básicas y no se le peguen los malos hábitos.

No se desanime por el alto nivel de ejecución de los pianistas que pueda ver. Recuerde que alguna vez fueron sólo principiantes y que pasaron por todas las etapas que usted recorre ahora.

¿NECESITA LECCIONES DE PIANO?

Si es usted feliz con lo que toca, o si es un músico «natural» al que le es muy fácil aprender, puede pasar un tiempo sin lecciones de piano, siempre que toque bastante música diferente y aprenda de otros pianistas.

Sin embargo, las lecciones son necesarias si quiere tocar música clásica o jazz o se toma el piano seriamente. Un buen profesor le ayudará a progresar más rápidamente de lo que lo haría por sí solo. El le sugerirá la música que debe tocar, le explicará los diferentes efectos y técnicas y le ayudará de muchos otros modos.

Si quiere recibir lecciones, elija un profesor que sea experto en la música que le gustaría tocar. En su tienda de música podrán recomendarle a alguien y darle una idea del coste de las lecciones. También puede buscar los anuncios de lecciones de piano en los periódicos o revistas de música.

Antes de comprometerse a una serie de lecciones, háblele al profesor sobre su nivel de ejecución y sobre lo que le gustaría aprender. Decida también si preferiría las lecciones en su casa o en un estudio de piano o de un profesor.

Obtenga el máximo partido de sus lecciones practicando lo que le sugiera el profesor, y esfuércese en conseguir una mejora concreta en cada lección.

DIVIERTASE: TOQUE EL PIANO CON UN AMIGO

Puede divertirse mucho tocando con un amigo que toque otro instrumento, o acompañando a uno que cante. Esta nueva práctica le ayudará a mejorar su propia ejecución.

Si no conoce a nadie que cante o toque otro instrumento, pregunte en su tienda de música o sociedad musical, donde podrán recomendarle a alguien. También puede poner un anuncio.

No vacile en pedir a otras personas que toquen con usted. El piano suena bien con la mayoría de los instrumentos, y encontrará a muchos cantantes e instrumentistas a los que les agradará la oportunidad de hacer música acompañados de un piano.

Cuando haga música con alguien más, deben elegir melodías que conozcan bien, y leer la misma música. No es aconsejable intentar algo nuevo antes de que haya tenido tiempo para practicarlo a solas. Si no conocen las mismas melodías, elijan juntos una pieza y practíquenla separadamente antes de ejecutarla juntos. Compruebe que la música para ambos instrumentos está escrita siempre en la misma clave.

Asegúrese de que cualquier otro instrumento musical esté afinado con el piano antes de empezar a tocar, pues en caso contrario el sonido no será muy agradable. Esto no será un problema en tanto en cuanto el piano esté afinado en «tono de concierto» (ver página 17).

Cuente el pulso antes de empezar, para que ambos comiencen a la misma velocidad. Para acompañar a un cantante, toque la primera parte de la música como una «introducción», para dar al cantante las notas de partida.

Aprenda a tocar nuevas partituras

Ahora está ya preparado para ganar experiencia aprendiendo a tocar diferentes piezas musicales elegidas por usted mismo. El modo más sencillo de aprender nuevos temas es comprar las partituras de los que le gusten, o pedirlas prestadas en una biblioteca. Busque «albumes» que contengan varias melodías, pues suelen ser más útiles que las «hojas musicales» de una sola. En su tienda de piano tendrán álbumes de arreglos «fáciles para piano», en los que probablemente encontrará algunas melodías que le gustaría ejecutar.

Comience con piezas breves y simples, preferiblemente que conozca bien y no sean muy rápidas. Evite las que tengan más de tres bemoles o sostenidos en la armadura de clave, pues al principio le resultará más difícil leerlas. Cuando haya aprendido a tocar algunos temas «fáciles», puede seguir con otros más largos o en diferentes tonalidades. Trate siempre de aprender algo nuevo en cada pieza musical, y esfuércese continuamente por mejorar su ejecución.

Toque cada melodía en fases sencillas. Aprenda una cosa cada vez: practicando con cada mano separadamente primero antes de intentar tocar algo complicado con ambas manos.

Observe los sostenidos o bemoles que estén en la armadura de clave y recuerde que afectan a *todas* las notas del mismo nombre. Piense cómo va a mover los dedos sin interrupciones de una nota a la siguiente antes de preocuparse por el tiempo de las notas. Si alguna melodía no suena bien al tocarla, compruebe si está leyendo la música correctamente y siguiendo los signos de sostenido, bemol o becuadro.

Cuente el pulso y empiece a tocar lenta y uniformemente, adoptando luego gradualmente la velocidad correcta. Practique separadamente las partes más difíciles hasta que las domine. Si el tiempo de una melodía no es evidente en alguna parte, escriba la cuenta bajo las notas con lápiz. (Vea las páginas 64 y 67 si no está seguro con respecto al tiempo de las notas o silencios de las corcheas o semicorcheas.)

Busque las partes que se repiten, pues se ahorrará el tiempo de tener que decidirlo todo más de una vez. (Vea en la página siguiente «Cómo leer música» buscando los signos que indican que la música debe tocarse más de una vez.)

Aprenda a tocar correctamente toda pieza de música antes de pasar a algo nuevo, para no terminar sabiendo ejecutar partes de varias melodías sin ser capaz de tocar una completa.

Cómo leer música

La música de la mayor parte de los álbumes y partituras está escrita para canto o para muchos instrumentos musicales diferentes, por lo que necesitará saber qué partes son para el piano. Los primeros compases de una hoja de música típica suelen parecerse a esto, con la línea de la melodía sobre la parte del piano:

ACORDES DE GUITARRA

LA «LINEA SUPERIOR»: PARA CANTAR Y TOCAR LA MELODIA CON OTROS INSTRUMENTOS

1.ª PARTE DE LA LETRA

2.ª PARTE DE LA LETRA

PARTE DEL PIANO

SIGNO DE REPETICION

Como puede ver aquí, la «línea superior» da la melodía para el canto o para tocar con otros instrumentos. La parte que normalmente tocaría con el piano se ve separadamente debajo.

En la mayoría de las partituras, la parte del piano da también la melodía, para que pueda tocarla como «solo de piano». Sin embargo, ocasionalmente, la parte del piano es un acompañamiento, lo que significa que sólo vale para tocar con otro instrumento o con un cantante.

El acompañamiento no es conveniente para un solo de piano, por lo que, si intenta tocarla solo con el piano, debería comprobar si la melodía está incluida en la parte del piano antes de comprar la partitura. (Puede hacer esto comparando el pentagrama superior de la parte del piano con el pentagrama de arriba. *Si estas dos líneas parecen similares,* la música para piano *incluye* la melodía, aunque puede haber más notas en la parte para piano.)

En las hojas de música se utilizan varios signos si alguna parte ha de tocarse más de una vez: asegúrese de que los entiende antes de empezar a tocarla.

— **SIGNO DE REPETICION.** Significa que debe volver a un signo similar que está en la otra dirección y repetir la música que hay en medio.

Si no hay otro signo, repita la música desde el principio.

— **SIGNOS DE PRIMER Y SEGUNDO TIEMPO.** Durante toda la primera vuelta, la música incluye la parte marcada.

En la segunda vuelta, toque la parte marcada.

⌐1.⌐

⌐2.⌐

D.C. — «D.C.» o «Da Capo» significa «repita la música desde el principio».

D.S. — «D.S.» significa «vuelva atrás y repita desde el signo ⅀

D.S. ⅀ — Esto significa «vuelva al signo — ⅀ —» y repita la música hasta que llegue a «al Coda ⊕»; luego vaya a la

al Coda ⊕ música marcada «Coda ⊕».

El orden en que ha de tocarse la música a menudo es obvio en las canciones por el modo en que está escrita la letra.

En algunos temas, la melodía cambia ligeramente para el segundo o tercer versos. Estos cambios se suelen indicar con notas más pequeñas que las normales.

MELODIA VERSO 2.º
(NOTAS PEQUEÑAS)

MELODIA VERSO 1.º

(1) When   I'm   not   with   you
(2) now that   I'm   com-ing   home to   you

En *Cómo leer música,* otro libro de Roger Evans en esta misma colección, se explican otras palabras, signos y notas que podrá encontrar en las partituras.

Tocar ante un público

Antes o después, alguien le pedirá que toque el piano, o usted mismo deseará compartir su música con otras personas. Los mismos consejos son aplicables para un público de cientos de personas que para un grupo de amigos y familiares.

Si no va a tocar en su casa, compruebe que todas las teclas del piano funcionan apropiadamente. Luego asegúrese de que está afinado. (No intente tocar un piano que no esté en buenas condiciones, pues echaría a perder su música.) Busque un taburete o silla que tenga la altura adecuada para adoptar una buena posición.

Elija música que conozca bien y que pueda tocar sin vacilación. No toque las piezas más complicadas que conoce, ni las que haya aprendido más recientemente, pues con ellas tiene más probabilidades de cometer errores embarazosos. Si va a tocar más de una pieza, elíjalas de diferentes ritmos y velocidades, y en diferentes tonalidades, para que no suene igual todo el tiempo. Mezcle música ruidosa y suave, y deje para el final las piezas mejores y más espectaculares.

Busque buenos principios y finales para sus melodías para que su ejecución sea entretenida y parezca profesional. Trate de oír en su interior cada melodía antes de tocarla para coger la velocidad y el sentimiento.

Por encima de todo, tenga confianza en su ejecución: toque lo que toque, será un placer para el público, pues a casi todo el mundo le gusta el sonido de un piano.

Nunca anuncie que «no puede tocar muy bien» o que «probablemente se equivocará», pues si habla así es muy probable que haga esas cosas. Si comete un error, bromee sobre él o ignórelo; de todos modos casi nadie se dará cuenta de ello. No toque *nunca* con las manos frías, pues los dedos estarán rígidos.

Si desea tocar en público, hay muchos lugares para hacerlo: conciertos en colegios y sociedades musicales, lugares que pueda ver anunciados en los periódicos locales, revistas de música o tablones de anuncios. También puede concertar tardes musicales con sus familiares y amigos.

El tocar en público, una vez que se han vencido los nervios iniciales que todo el mundo tiene, es un modo excelente de mejorar la ejecución, pues es un incentivo para pulir y mejorar su música. Al tocar en público, mire hacia fuera por una ventana e imagine que todo el mundo le está viendo y oyendo, o que lo está haciendo ante un «cassette» o magnetófono.

Guía de notas

Utilice esta página para buscar las notas que pueda no recordar.

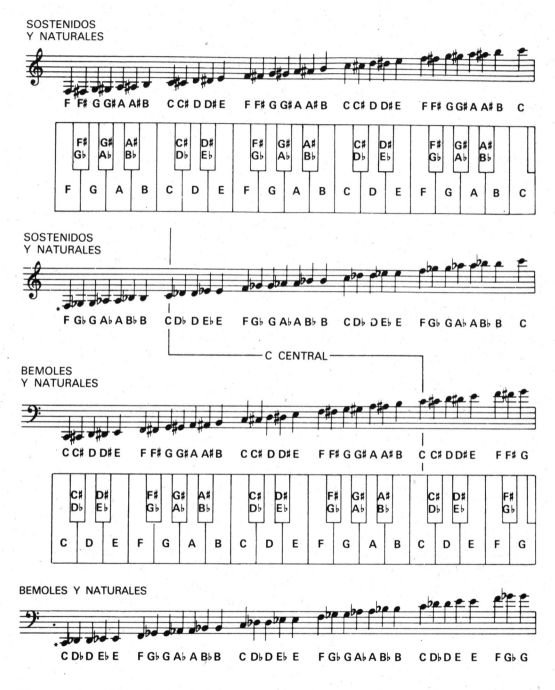

* Lea estas líneas de derecha a izquierda.

Indice de canciones

Todos los arreglos son de Roger Evans   1980

* No está en notación musical.